教师教育哲学译丛　　译丛主编　王占魁

重思教学召唤

对教师与教学的见证

［美］戴维·T.汉森（David T. Hansen）◎著

刘磊明◎译

华东师范大学出版社
·上海·

Reimagining The Call to Teach: A Witness to Teachers and Teaching

By David T. Hansen, 2021

First published by Teachers College Press, Teachers College, Columbia University, New York, New York USA.

All Rights Reserved.

Simplified Chinese translation copyright © (2024) East China Normal University Press Ltd.

上海市版权局著作权合同登记　图字:09-2021-1068号

丛书总序

对中国教育界而言,"教师教育"或者"师范教育"是一个并不陌生的概念。作为一项文化事业,它不仅一直是"师范"院校的主要职能,而且近年来也日渐成为"综合性大学"竞相拓展的业务范围。尽管我国自古就有浓厚的"师道"传统,也留下了为数众多的"师说"篇章,但是,近现代以来,我国学者对"教师教育"或"师范教育"的理论思考整体上比较薄弱,鲜有成体系的、具有国际影响力的教师教育理论,同时也缺乏对国外教师教育哲学理论成果的引介。从教育理论建构的意义上讲,"见证好理论"乃是"构建好理论"的前提条件。目前,在国家号召构建"成体系"的人文社会科学理论的背景下,引介国外知名学者有关教师教育的哲学思考,或许正当其时。

2020年5月,在华东师范大学基础教育改革与发展研究所的支持下,依托自己所在的"教育哲学"学科,我申请成立了"办学精神与教学特色研究中心"(以下简称"中心"),以期围绕教育活动中的"办学主体"和"教学主体"两个核心动力系统做些学术研究和社会服务。稍后,在从事有关美国要素主义教育哲学家威廉·巴格莱的教师教育哲学思想研究的过程中,我深切地感受到教师教育哲学对教师培养质量和教师职业生活品质影响深远。但是,无论是与上个时代纵向比较,还是与这个时代其他人文学科横向参照,近些年来国内教育学界有关国外标志性教育理论成果的引介力度都相对式微。从学术共同体建设的长远视野看,对国外教育理论的深入研究和广泛了解的不足,将在很大程度上制约我们自己的学术眼界、思想活力与理论深度。于是,我萌发了以"中心"之名策划一套《教师教育哲学译丛》的想法。

经过近半年的多方考察和华东师范大学出版社的谨慎筛选,我最终选定了西方学界4位学者的7本著作:第一本是英国教育哲学学会的创立者及首任主席、伦敦大学教育学院院长和教育哲学教授理查德·彼得斯(Richard Stanley Peters)的《教育与教师教育》。该书从"教育的正当性""教育与有教养的人的关系""教育质量的含义""自由教育的歧义与困境""柏拉图的教育观""哲学在教师训练中地位""教育(学科)作为教学的具体准备""教育作为一门学术性学科""大学在教师教育中的职责"九个方面,充分展现了一位分析教育哲学家对"教育"与"教师教育"问题的系统思考。第二本是前美国教育史学会主席、斯坦福大学教育学院兼历史系教授戴维·拉巴里(David F. Labaree)的《教育学院的困扰》,这本书从历史社会学的角度研究美国教育学院的地位问题,系统分析了教育学院在师资培养、教育研究人员训练、教育知识生产等方面所面临的特殊困难。

接下来的四本书,皆出自前美国教育哲学学会和约翰·杜威学会的"双料主席"、哥伦比亚大学教师学院教育史与教育哲学专业的戴维·汉森(David T. Hansen)教授。其一,《教学召唤》通过对不同类型学校教师的日常教学工作进行"深描",探讨教师应当如何对待学生、如何管理课堂、如何参与学校及社会公共事务等议题,深入挖掘"教师"的职业身份意义与专业精神内核,并就教师如何兼顾"实现自我"与"公共服务"提供了独到见解。其二,作为《教学召唤》的姊妹篇,《重思教学召唤:对教师与教学的见证》借助生动案例,以审美、伦理和反思的方式呈现了敬业教师的存在状态,进而对教师为召唤而教的理论主张作出了全新的描述,并明确将教学界定为一种"伦理实践",指出教学作为一种了解人性、改变学生心灵状况的使命召唤,远比工作、职业、工种、专业要深刻。其三,《教学的道德心:迈向教师的信条》,从"作为个人的教师意味着什么"问题入手,系统研究了在教学中成长的个体教师形象以及塑造这种教师的环境,进而对教学和传统的关系、理想在教学中的地位等问题进行了深入讨论。其四,面对世界的日益多元化、学校的日趋多样化、学生教育需求与学习能力差异的加剧等诸多现实挑战,《教师与世界:教育的世界主义研究》一书引导教师如何在忠诚于本土价值观、利益和承诺的同时,建立对新人、新事物和新思想的理性开放态度,鼓励他们通过不断反思实现二者之间的平衡。

最后,作为"尾声"压轴出场的是前国际知名刊物《戏剧教育研究》的联合主编、英国华威大学戏剧与艺术教育学专业乔·温斯顿(Joe Winston)教授的代表作《教育与美》。这本理论与实践紧密结合的教育美学力作,致力于唤醒教育中的美。它不仅对美的思想史进行了精要的纵向梳理,也对美与教育关系进行深入的横向分析,进而提出了"美即教育经验"重要命题;它不仅对教育与美进行深刻的理论阐释,而且深入到具体学科教学上做了详细的案例研究,对各科教师审美素养的培育都极具实践参考价值。

众所周知,现今高校青年教师肩负的教学、科研和生活压力十分繁重,与科研论文著作相比,校内外各种绩效考核和学术评奖对译著作品重视程度有限;与各级各类课题经费相比,国内译著的稿酬更是十分微薄;与此同时,要从事学术翻译工作,可能需要译者牺牲自己(包括与家人共度)的"休息时间"。由此来看,从事学术翻译的确不是一个"聪明"的选择。但是,这并不意味着学术翻译是一项没有"智慧"就能胜任的工作。这是因为,作为一项兼有"英文阅读"和"中文写作"双重属性的工作,学术翻译的难度远大于两项中的任何一项,甚至大于两项难度之和:译者不仅需要首先理解英文原意,也需要创造性地跨文化转述;既不能只顾英文的陈述逻辑,也不能只顾中文的语言习惯,每一章、每一节乃至每一段都要同时结合两种文化语境重新推敲、反复斟酌。显然,这不仅需要思维能力的支撑,更需要高度的道德自觉、价值态度和直觉才能等精神力量的支撑。正是从这个意义上讲，学术翻译乃是一种饱含"智慧"的付出。倘若不假思索地按照字面"直译""硬译"，就不免会对专业领域通行的一些"术语"误解误读，进而对该领域的初学者造成误导。因此，一部优质学术翻译作品的问世，不仅意味着译者时间投入和智慧付出，也意味着译者对一个专业领域的仔细考究和深入钻研。

本译丛自筹划到出版，前后历时整四年。特别感谢六位"八〇后"中青年学友能够接受我的这份译事邀约，他们分别是北京师范大学教育基本理论研究院的林可博士、华东师范大学国际与比较教育研究所的沈章明博士、华南师范大学教育科学学院的刘磊明博士、江苏师范大学教育科学学院的张建国博士、清华大学教育研究院的吕佳慧博士和广州大学教育学院的李育球博士。他们结合自身的研究兴趣和专业所长，各自独立承担了一本书的翻译工作！我相信，诸位译者和我一样深知，我们在竭力解读、领悟、澄清和贴近前辈学人话语方式和理论逻辑的过程中，也在履行我们这一代学人所肩负的学科赓续和学脉承传的历史使命。这不仅体现了我们对学术事业共有的真挚热爱，也体现了这一代中青年教育学者不辞辛劳、不畏艰难、勇担"拾薪"与"传薪"重任的精神品格。更为重要的是，这种领域兴趣原则与独立自主原则相结合的分工机制，将为这套译丛的质量提供不可或缺的动力基础和专业保障。

值此"办学精神与教学特色研究中心"成立四周年之际推出这套译丛，希望能够为中国教师的实践工作和中国教师教育事业提供一些"窗口"，同时也为中国教师教育的学术研究增添一些"砖瓦"。由于个人能力有限，恐错漏之处在所难免，不当之处，敬请各界方家及广大教育同仁批评指教。

王占魁

2024 年 4 月 8 日

目 录

前言 / 1

第一章　教学召唤的轮廓 / 1
　　"职业"的形态和构成 / 3
　　教学目的、功能和传统 / 19
　　简要回顾 / 25

第二章　教学召唤与教学实践 / 31
　　探究教学召唤的起源 / 35
　　重访激情与教学真理 / 39
　　教学即"同在" / 44
　　为"同在"服务的质疑与反思 / 51

第三章　教学中的哲学、理论和智慧 / 55
　　教师与理论的关系 / 55
　　教育中的哲学与智慧 / 61
　　职业的隐喻和诗意的语言 / 66
　　"个人项目"(Person Project) / 70

结语 / 75

第四章　教学和教师见证 / 79
　　感知与见证 / 82
　　见证的目的和轨迹 / 95
　　从共鸣细节到教学尊严 / 104
　　教室里有见证者：厄尔的证词 / 107
　　期待的音符 / 114
　　附言：见证与艺术 / 116

第五章　教师证词与教学召唤 / 122
　　关于职业感 / 126
　　调和与同在 / 133
　　对实践活力的挑战 / 139
　　教育中的人 / 144
　　三思：教学中的激情与传统 / 149

第六章　教学伦理实践的召唤 / 154
　　教学伦理的维度 / 154
　　教学召唤与教师教育 / 169
　　教师教育和教师评价的见证 / 180
　　结束语 / 183

参考文献 / 186

前　言

这本书是 1995 年哥伦比亚大学师范学院出版社出版的《教学召唤》(The Call to Teach)的续集。我最初的计划是修订它作为 25 周年纪念版推出。但我很快发现，局部订正的路子行不通。世事川流不息，我理解的教学以及教师的意义也不同往昔。我仍然相信，职业语言很好地表达了许多敬业教师的动机或"存在状态"。与此同时，我比以前更清楚地看到为什么教学是一种伦理实践(ethical practice)，为什么接近它并与从业者良好合作需要持伦理取向。由于种种原因，读者将在本书中找到一个关于教学召唤的全新描述，接下来的内容将具体呈现原委。

1995 年出版《教学召唤》一书时，封面选用了温斯洛·荷马(Winslow Homer)的一幅画作，名为《乡村学校》(The Country School)。这幅画完成于 1871 年。它描绘了一所光线充足仅一间教室的校舍，黑板两侧有两扇窗户，一位 30 岁出头的女教师站在黑板前，她手里拿着一本打开的书，望向教室右边几个年轻的男孩，其中一个显然是在她的要求下，正在朗读复制本里的课文，他的邻座则若无其事地把书放在膝盖上，附近的其他几个男孩似乎也在跟着读。教室另一边的女孩们也在读书，不过很难说是不是同一本书。画中场面相当紧张。一个很小的男孩，大概四五岁，哭完后正在擦眼泪，他的同桌是一个同龄女孩，同情地转过头低垂着双眼看向他。从老师的姿势和面部表情来看，虽然她把目光从男孩身上移开，很明显她刚刚训斥了他。她似乎对这样做并不满意，想要努力找回本来的风度。

我们这个时代的课堂教学也是如此，任何时代的课堂教学都是如此。

我为《教学召唤》选择了荷马的颇具感染力的艺术作品，是因为我写到了日常教学的非凡复杂性，以及为什么有些教师乐意接受这种复杂性带来的挑战。这本书的特点是细致入微地描述了四位受命从事这项工作的教师。他们的使命感一次又一次地出现在课堂上，无论事件大小：耐心地解释一种科学方法，帮助学生养成学习习惯，解释一首诗，鼓励学生不要随波逐流，把握好文章的逻辑。教师们已经亲身体会到，为什么参与一个由 25 名年轻人组成的班级的教学不是一个工程或"管理"问题——好像学生和他们的学习只是需要解决的问题——而是一项要求很高、有回报且往往不确定的尝试。他们在日常行为中揭示了为什么教学是一种审美、道德和智力的事业，无关年级水平或所任学科。要做到这一点，每个老师都需要把自己的一些东西带到课堂上。换句话说，每位教师都需要与教学建立良好的关系：他们需要适应教学的内在要求。没有人能帮他们做到这一点，也没有两个老师会以同样的方式回应。

现在这本《教学召唤》的姊妹篇，将继续探究教学作为一种召唤的意义，再谈为什么要在教师教育、教学研究和教育政策中保持这门语言的活力。自 1995 年第一本书问世以来，教育领域发生了很大变化。在 21 世纪，一种全面的管理文化已经降临到教学实践中，体现为广泛的标准化测试及其自上而下的教育"问责"（accountability）。我之所以对"问责"一词加引号，是因为评估教师的工作虽然很重要，但考虑到他们承担着一个社会年轻人的教导职责，目前的测评计划并不能支撑教师充分估定自身工作的价值；相反，这些测评却在制定政策时得到认真对待。这种风气损害了教师的士气。其中衡量教师表现的标准往往偏重技能性原则——只要能复制信息或习得技能，而不是教育性原则，后者涉及理解、想象力、反思性思维、能动性，等等。我希望无需另一个 25 年，这种管理体制走向崩溃，因为它所体现的是狭隘的、功能主义的教育理念。同时,我将在本书中试图说明,召唤的语言如何能够很好地为教师服务,既为他们的工作提供基础,又阐明他们对自己工作的合理解释。无论是在学校,在与同侪正式、非正式会谈中,在当地社区,还是在更大的政治平台上,这种能力反过来又有助于公开宣传这种做法的重要性。

近几十年来,情况发生了怎样的变化?一个反例是,今天教育界投入了巨大的精力,致力于为所有人,特别是有色人种的年轻人和移民儿童,创造一种公平公正的教育,他们的经济和政治环境长期以来限制了他们受教育的机会。诸如"儿童知识基金"和"文化响应式教学"这些煽动性词汇随处可见,此外还有吸引年轻人参与艺术、历史、文学、数学、科学和其他受时间与灵魂尊敬的学科的新方法。这些发展对个人和社区的繁荣有着重要影响——只要他们能保持教育的完整性,不被当今的控制和管理政策风气所浸染。我希望将公平与真正的教育质量融合在一起的承诺能够持续下去,即使环境教育和公民教育等其他(往往密切相关的)问题在谈判桌上占据了重要位置。

在接下来的论述中,我将不会直接谈这里涉及的宏观问题,部分原因是许多同事在分析这些问题方面做得很好。相应地,我们将看到当前对正义、环境和与教育相关的民主价值观的关注,都证明了引发教学召唤的众多动机。许多教师真诚地渴望为社会福祉作出贡献。他们可能不会使用那些精确的术语,但借由对某个特定主题的热忱,以及承诺与年轻人一起工作,很好地服务了公众。他们的教育,他们的动机构成了一种表面却重要的表达——对有意义、有目的的生活潜在而往往无声的渴望。

教师呼唤与过去、现在、未来展望相联的教学实践。教师与实践之间存在着深刻的相互关系:两者是一个总体,缺一不可。有鉴于此,我写了这本书,既献给我的同代人,也献给明天将要进入这一领域的教师。我为所有教师、准备教书的人、教师教育工作者、从事教学实地工作的研究人员、在实践中进行概念和理论工作的学者,和可以影响教师和学生福祉的管理人员和政策制定者而写。这本书的特点是讨论是什么使教学成为一种独特的使命,以及为什么教学构成了一种伦理努力(ethical endeavor)。它包含了近年来与我合作过的老师们有关使命感的大量证词。作为续篇,这本书建立在我对教学和作为一名教师意味着什么的广泛研究的基础上,是我自《教学召唤》出版以来一直在进行的工作,有的已经收录在我的其他作品中,如《教学的道德心》(*Exploring the Moral Heart of Teaching*,2001)和《教师与世界》(*The Teacher and the World*,2011)。这里我将重点放在"见证"教学和教师的理念上,回想起来,这一直是我在该领域整个职业生涯的中心。其基本信念一如既往:教书是人类最美丽、最重要的职业之一。

同上一本论召唤的书一样,这本续篇的封面画作仍然来自温斯洛·荷马的作品(请参阅由 Darryl M. De Marzio 编辑的《戴维·汉森和教学的召唤》(*David Hansen and The Call to Teach*,2020)的封面,也由哥伦比亚大学师范学院出版社出版)。荷马对教育有着浓厚兴趣,同时也对美国内战后的社会现实有着同样强烈的同情。《弗吉尼亚的礼拜日早晨》(*A Sunday Morning in Virginia*,完成于 1877 年)讲述了一位年轻教师与两个男孩、一个女孩一起工作的故事。他们挤在一起坐着;这是冬天,清晨的空气中有一股寒意。一个年迈的女人,也许是孩子们的祖母,靠在他们旁边的墙上。她似乎沉思而悲伤地回顾着她所忍受的几十年的奴役,并从教师和孩子们的抑扬韵律中听到了一个更美好世界的脆弱承诺。老师右边的男孩和女孩对视了一眼,也许他们想知道未来会怎样。可能他们还想知道教育本身是怎样——现在是一个他们可以公开进行的过程,就像这幅画所表现的那样,要知道奴隶接受教育曾是禁区。大一点的男孩全神贯注地学习着。他一边随着老师的手指从一个字移动到另一个字看,一边大声朗读。他帮忙拿着书。老师沉着而专注做她该做的事。

在这里,我们可以对所描述画作之间进行许多比较。考虑到写这本书的目的,我深深地被画家敏感细腻地描绘的两位老师所吸引(他没有把任何一位异国情调化)。光能揭示一切——据说荷马注重把颜料和阳光相混合。在封面上,教师形象与优雅、承诺和尊严共在。从画布上显现出来的这些品质,散发着光芒。它们又因为清晨阳光的清新而加强,尽管天还冷。请大家也注意下荷马表现正午的画作《乡村学校》的前景,光线的动态发挥,突出了一个宽阔、开放的木板空间,有点像地面上的剧院舞台。学生们使用的粗糙的木凳和桌子沿着墙壁排列。好像观众被邀请进入一个异常开放、广阔的空间,进入教师和她学生的世界。墙壁和天花板被粉刷成白色,阳光溢满房间,所以有阴影。它们传达出坚固感,天花板向上弯曲的弧度类似于礼拜堂。荷马描画这一场景时,是因为他见证了一个神圣的空间:教育空间?他之所以画它们,是因为教学工作的乏味生出悲怆:从两幅画中,我们看到老师们每天都需要重新振作,意识到自身的使命?当我们走上乡村学校的舞台,或者走上礼拜日早晨被改造成教室的奴隶小屋的开放木地板时,画家希望我们做什么?我们应该如何看待教师,如何与教师交谈?我们应该如何看待教学,成为一名教师意味着什么?在接下来的文本里,我将用教学召唤的语言来回答这些问题。

第一章　教学召唤的轮廓

> 我写的每一个句子都是在试图说完整的事情,也就是说,同样的事情一遍又一遍;就好像它们只是从不同角度审视同一物体。
>
> ——路德维希·维特根斯坦,《文化与价值》(1980,第 7e 页)

"教学"和"职业"是古老而老生常谈的名词。在古英语中,教学一词的词根是 taecan,意思是展示、指导,或者更直白地说是提供一个人所知道的东西的符号或外在表达。通常的理解是,教学意味着引导别人了解他们以前不知道的东西,例如代数或大陆的地理。它意味着(1)引导别人知道如何做他们以前不会做的事情,例如,如何制备化学溶液或如何进行体育运动;(2)向别人展示他们以前没有表现出来的态度或取向,例如,享受阅读,而不仅仅是知道如何阅读。(3)引导别人相信他们以前不相信的事情,例如,掌握某些技能和技巧是有价值的。教学包括所有这些活动,甚至更多。它能够在学生和教师身上产生形成性和持久性的理解,包括自我理解。

"职业"的拉丁词根"vocare"意思是"召唤"(to call)。它表示呼唤或请求服务。它被用来描述世俗和宗教的承诺。例如,有些人感到受到神圣目的的召唤或启发,加入某个宗教团体,忠实地为某一特定团体服务。他们成为了牧师、伊玛目、尼姑、僧侣、牧师、拉比、传教士、祭司或长老。还有些人则感到被迫为独特的人类目的服务。许多护士、社会工作者、公民领袖和教师都感受到了一种磁石般的吸引力,他们向往以职业为代表的服务生活。其他从事与公共服务联系不那么紧密的人也是如此。例如,有些艺术家、实验室科学家和园丁被自己所做事情吸引,从中获得持久的满足感,同时也为他人贡献社会价值与意义。

在本章中,我将这些古老但生动至今的术语汇集在一起。为了与《教学召唤》保持连续,接下来的前几页将直接从该书的开头取材,继而进入重思之境。我将从研究职业本身的概念开始。我会用少许篇幅说明,这个词到今天在某些方面比我刚刚所归纳的意蕴更为丰富。大约200年前工业革命爆发之前,"职业"被理解为在宗教冲动下从事服务和奉献的行当。这一含义在一些宗教机构中仍然存在。然而,对今天的许多人来说,职业更容易让人联想到纯粹的经济方面。例如,众所周知的"职业教育"和"职业指导"这两个术语使人想起学校和技术培训机构,能够为人们提供特定形式以工资为基础的就业所需技能。相反,我将阐明的"职业"概念并不以宗教或经济动机为中心。尽管在特定具体情况下,它又可能与宗教或经济动机联系在一起。

在《教学召唤》中,我注意到把教学作为一种职业的研究很少。我能想到的为数不多的作品来自韦恩·布斯(Wayne Booth, 1988)、伊格纳西奥·戈茨(Ignacio Gotz, 1988)和德韦恩·休伯纳(Dwayne Huebner, 1987)。从那时起,一系列学术研究陆续出现,它们主要是基于访谈和调查。这些研究扩展了我们对职业相关的个人动机、成就感和自我认识的理解。[1] 它们证实了一个值得注意的事实,即这种意识在教师中仍然存在,尽管制度和政策安排使其难以在实践中实施,尽管这种想法似乎并没有成为当代教师教育的指导主题。[2]

大约50年前，威廉·弗兰科纳（William Frankena, 1976）曾指出，哲学中关于职业的研究鲜少，尽管职业是合目的性和能动性概念的核心。教育哲学中的状况也好不了多少。虽然人们在各种教学研究中找得到引用此概念的只言片语。下文第一部分将向读者呈现一个关于职业概念的哲学讨论。之后将这种考察与作为一种独特的人类实践之教学结合起来评论。正如我们将看到的，教师的职业意识与这种实践密切相关，反之亦然。这是贯穿全书的主题。这些分析将为第二章和第三章提供一个背景。在第二、三章中，我将分别讨论在教师的日常工作中实施教学的召唤意味着什么，并探讨教学与哲学、理论和智慧的关系。第四章阐明了教师和教学"见证"（bear witness），我将深入阐述它对同行、行政人员、教师教育者、学者等他者意味着什么。这些研究为第五章提供了一个框架，借助一系列系统性访谈和有关文献见证教师的召唤观念。最后一章对整个研究进行了批判性的回顾，并对当前时代的教学和教师教育提出一些质问。

"职业"的形态和构成

公共服务与个人成就

职业的意义要放在公共服务与个人成就的十字路口方能体现。它通过有社会意义和价值的工作得以成型。这意味着许多工作自然而然就会形成职业。医学、法律和教学很快就会浮现在我们的脑海中。然而，有一些活动成为职业是有前提的，像体育运动和园艺，要求参与者考虑的不只是自我满足。从社会关系看，体育运动涉及大量的团队合作和社会忠诚问题，通常还被视为有助于维持社区的认同感。在日本文化中，园艺往往体现了一种重要的公共意义,远远超出了个人爱好的范畴。但如果一个园丁的工作从来没有与他人分享过,或者从未为他人打算,那么,根据这里的论点,这样的活动就不被认为是职业的。尽管它仍然可以算作园艺,能够产生巨大的个人价值。即是说,称得上职业的活动,其义必须超过单纯的个人价值。要成为一种职业,它必须为他人带来社会价值。它必须具有教育性、启发性,并以某种独特的方式对他人有所帮助。

不过,职业并不意味着个人对实践的单向度从属。职业描述的是对个人来说有成就感、有意义的工作,它有助于提供一种自我意识和个人认同感。这也意味着,许多活动只要再满足具有社会价值的标准,都能冠以职业活动之名。然而,如果一个人身为教师、牧师、医生或护士,却和实践所要求的意义有相当差距,脱离相应的身份认同,并简单地将其视为许多可互换的雇佣形式之一,那就够不上职业。这种情况下,此人不过是一个角色的占有者罢了。当然,它并不意味着这个人只是毫无意义地干活,或者只会以一种无意识或机械的方式行动。他们甚至会把它严格当成打一份工,是一种必要手段,以确保有时间、资源做另外于己有价值的事情。其实,除了具有社会价值,一项活动还必须产生一种自身实现的成就感,才能构成一种职业。

职业随时光推移而演变。原则上,一个人只要在上班路上为几个同事扶个门,就可以为公众服务,并为此感到高兴。只用花5秒就能完成这个动作。但职业的形成需要更长的时间。正如我稍后所概述的,并在随后的章节中说明的那样,一个以教学为职业取向的人,要真正成为教师队伍的一员,可能会等待和准备数年。或者说,这个人可能早就已经在实践中摸爬滚打多年,然后才慢慢开始悟到这是一种召唤,并在学校和教室工作时以此为荣。许许多多的教师、医生、护士和牧师都可以证明一个事实,即需要花相当多的时间来理解自身工作的要求,以及如何才能高质量完成这项工作。

简而言之，个人不可能强迫自己生发服务他者的意识，也不可能在某一天醒来后决定要为别人服务。这种性情随着时光流转而缓缓生长，借由与他人互动和自身努力完成工作，方能逐渐成型。

值得注意的是，尽管努力是职业的构成要素之一，但有些努力必须完全排除在考虑之外，纵使它们提供了非常高的个人价值。例如，成为一个职业小偷、一名毒贩。威廉·莎士比亚作品《亨利四世》（第一部分）中有一角色福斯塔夫说："为什么，哈尔，这是我的职业，哈尔；一个人在他的职业中劳动是无罪的"（Act I, Scene 2, lines 104 - 105）。福斯塔夫深知，如果"职业"是偷窃别人的东西，那就是一种"罪"。这种做法的特点是没有一般的社会价值，即使它可能对小偷自己及同伙都很有用。

职业是命令性的，但不需要无私的奉献

如上所述，职业的概念或许会让人想起这一术语与宗教信仰和实践的历史联系。它最初暗示着诸如无私奉献、自我克制和对神的服从等品质。后来，某种程度上因为16世纪欧洲开始的宗教改革，职业开始表示一种世俗的奋进，一个人出生在人世，朝着服务基督教宗教和伦理目标的精神方向而行（Emmet, 1958; Hardy, 1990; Holl, 1958）。李·哈迪（Lee Hardy, 1990）描述了17世纪清教徒如何区分"一般"和"特殊"的召唤。前者意味着被呼召过基督徒的生活方式，而不管一个人的世俗职业。后者对应一个人所从事的特定工作，按奉献者的不同职业而有所不同。类似于沙朗·哈特奈特和弗兰克·科灵（Sharon Hartnett & Frank Kline, 2005）使用"主要召唤"和"次要召唤"界定不同范畴。

指导本书对"职业"的理解，本质上既不是基督教的，也不是宗教的。然而，对于教学来说，确实能够从宗教的召唤概念以及宗教语言中汲取宝贵经验。³例如,类似于清教徒对一般职业和特殊职业的区分,一个人可以把一般意义上被召唤去教书的感觉——"我想成为一名教师",和教特定学科或某个年龄段学生的愿望——"我想教高中科学"两相分开。一般的和特殊的两方面,不仅使某教师能够与其他高中科学教师进行有效互动,而且能够与体系内任何级别、任何学科的教师进行有效互动。因此,教师对工作的热爱,构成了一个跨学科、跨国家和世界性的群体。尽管教师的课堂教学千差万别,他们也能与千里之外的同事交谈学习。这完全是因为他们能够分享对工作本身的见地和允诺。

与宗教相比,更有力反映虔诚的一面镜子是教学召唤所唤起的命令感。这个质朴的术语并没有听起来那么严厉或令人生畏。它并不要求教师成为圣人般的英雄,也与信奉教条无关。它是真实的,敬业的老师们都愿意接受它。有争议的命令感源头上并不在宗教或教学实践之外。相反,它存在于构成工作本身的义务中。一方面,只要个人想要做好教学工作,教学的挑战将是持续性的。随着经验积累增多,教学变得既容易又困难。所谓"易",是因为教师能愈加从容解决教育过程中遇到的疑难,再也不会像新手般惊慌失措;之所以"难",是因为教师对学科、教学法、学习、评价以及学生人性的多面化等复杂性了解越多,工作必然变得越复杂。

另一方面,在与学生打交道过程中,教师必须自我克制或屈从于更高的目标。例如,有时老师可能需要兼顾自己的议程和他者设置的议程,以便真正看清学生在努力说什么、做什么或成为什么。对教师来说,教学行动发生这一刻,学生的需要大于整个世界的需要。换句话说,世界更美好取决于教师(更不用说其他人)如此密切地关注他人。用更平淡但同样重要的话说,老师可能需要调整或取消之前某个晚上或周末的安排,以便完整地回应给学生布置的一组写作任务。正如在2020—2021年全球流行病中所看到的那样,教师可能不得不重新调整(特别是在系统性支持下)预计数月甚至整个学年的活动,从而应对学生、学校社区、家长和其他人的新感知、新需求。从这个角度来看,教学有一种内在的禁欲主义:要求把自己培养成一个真正能适应这个角色的人,而不是在遇到挑战时放弃它的水准,或随意地替换它们。这本书的一个中心主题,正如在前言所说,使命感将激励和支持教师接受这一要求。

由于许多历史悠久的原因,"信仰"(religious)和"宗教"(religion)这两个词通常是并存的。然而,出于启发式的目的,把信仰挑出来是合理的,因为它不一定意味着根源于一个实际的、既定的宗教,也不与任何超自然的东西有关。例如,教育家和哲学家约翰·杜威(John Dewey, 1989c)将信仰与宗教对比来说,描述前者为一种对人类福祉的奉献,与社会进步背后的改良主义信念相结合,它是如此深刻,以至于成为人作为人的构成要素。这种献身精神一次又一次地出现在日常话语中,尽管它并不指向杜威所设想的崇高道德目标。想想看,人们是如何以一种常规但又能说明问题的方式,使用诸如"她对每天的锻炼非常虔诚"这样的表达来表示一种深层投入,以至于更准确地说"她就是她的锻炼"或"她和她的锻炼融为一体"。歌手范·莫里森(Van Morrison)在他的歌曲《她给了我信仰》(*She Gives Me Religion*)中唱到"她给了我信仰"时,表达了他对想象缪斯的感激之情。布鲁斯吉他手金(B. B. King)唱到在他最困难的日子里一个对他有信心的女人:"她现在是我的宗教。"(见《Born Again Human》专辑)人们对艺术、民主和自然的深刻价值持"信仰的"或"神圣的"态度。艺术家、诗人和哲学家使用"虔诚"(piety)和"神圣"(holy)的术语来标记一种态度,即对赋予生命意义的最简单行为的深切关注、执着和奉献。

一些教师在进入实践后很快发现,严格的职业性或功能性语言不足以描述他们教书的原因。这样的语言无法捕捉他们的信仰、感受和对他们所做事情的信念。他们发现自己求助于充满精神内涵的隐喻和诗意性语言，例如，谈论他们对学生的"信念"。信念可以理解为在缺乏证据的情况下仍然相信。但关键是，它可以是理性的而不是盲目的(Baier, 1983)。许多教师会反思那些在学业上或自制力方面表现不佳的学生，之所以仍然乐意为他们奉献，是因为坚信只要坚定支持，这些学生终将变好。与学生相处的经验越丰富，教师对这种信念越有信心，即使个别学生可能没有向他们展示过什么。

教学作为一种召唤的理念，伴随令人信服的命令感或深刻的承诺，并不意味着教师整体形式的自我否定或自我克制(Higgins, 2003)。这种对教师和教学的错误看法被用来为低工资、削弱教学权威辩护；简单来说，这种不公正因以下事实而加倍，即学校的大多数教师历来是女性，而大多数(工资更高、更自主)管理人员是男性。詹姆斯·古斯塔夫森(James Gustafson, 1982)在他对天职的研究中警告说，一个有职业的人可能会无意中让自己"因为深刻的职业使命感而剥夺合理的自我利益，甚至剥夺了正义"(第505页)。多萝西·埃米特(Dorothy Emmet, 1958)写道："在过去，护士这一群体经常被剥削……好像他(她)们理应有一种职业使命感。"(第255页)雅克·埃鲁(Jacques Ellul, 1972)也认为，职业使命感被用作"给护士、社会工作者、牧师、教师发放较低工资(有时根本不发工资)的借口"(第12页；另见Bunderson & Thompson, 2009; Chambers-Schiller, 1979; Hoffman, 1981)。这些问题仍然与教学和教师有关，我将在未来更多地谈论这些问题。他们指出，许多有能力支持教师的人的政治意识，以及具体的政治行动，对于维护这种召唤本身至关重要。教师们自己有时会采取直接行动维护，例如罢工。我认为，这类罢工是很好的(如果不是毁灭性的)指标之一，它表明一个系统何时变得不公平，对一个敬业的老师来说，没有什么比与学生分开更令人心碎，反之亦然。

在这个节骨眼上的中心主题是，教学的召唤中，禁欲主义的教诲并不意味着自我牺牲。相反，它让教师体验到为什么自我实现不是一个附加的术语——就好像它只是意味着"得到更多"——而是通过让自己服从工作条款来改变自己。[4] 这种体验完全是无用的。它是整体的：格式塔，一个术语，表示整体大于其部分的总和（Zwicky，2019）。教学不是一件"第一，服务大众的事；其次，从中获得内部和外部的回报"。所有的经验都是一体的。换句话说，从实践中体会到的使命感可能是一种深刻的自我律令（self-command），是一种之前从未经历甚至想象过的体验。此种自我律令与确定性或保证无关（确定性或保证会导致自大，这是自我牺牲的另一个极端）。相反，它表示一个人身处何方及其理由。这种使命感为什么重要？用诗化的语言来说，身为人师，在成人（being a human being）的意义上卓尔不凡。这也并不奇怪，教师要体会这种使命感并应用到工作中，需要付出相当多的时间和实践。

教学中的深情与激情

就个人而言，职业使命感是一种充满希望的、外向的情感，一种想要以某种实质性方式参与世界的感觉。它预设了一种"内在的冲动"，正如埃米特（1958）所言，"以一种直接的方式去冒险和投入工作"（第255页）。她的措辞是精心挑选的。"冒险"提升了冒险的形象，即投身于一项活动，其结果至少在某种程度上是不确定和不可预测的。在做这件事的过程中"全身心地投入"，让人想起"职业"这个词的原意之一：以一种持久的、直接的方式献身于某一特定实践。

教学的召唤帮助我们认识到敬业教师的爱欲（eros），这一古老而特殊的词语，表示对归属感的深切渴望：在世界上真正栖居，与世界融为一体，在世界中得到满足。这一术语的使用反映了乔纳森·李尔（Jonathan Lear, 2006）对人类的挑衅性描述，即"有限的情欲生物"（finite erotic creatures）（第119页）。"所谓有限"，李尔写道，"我意指人类条件的一系列局限：人非万能或无所不知；人的创造能力是有限的；人得到自己想要的东西的能力也是有限的；人的信仰可能是错误的；甚至人理解世界的概念也是脆弱的"（第119—120页）。李尔继续说道："关于情爱的概念，我遵循柏拉图式的观点，即在我们有限匮乏的条件下，我们满怀向往、渴望、钦佩和珍视（无论多么错误）自认为有价值、美好和善的东西"（第120页）。"爱欲"的意义不同于另一古老词语，即两性之爱或浪漫的爱，也与其他形式的爱形成对比，如agape（表示对神和/或人类的无私的爱和奉献）和philia（简言之，朋友间的爱和相互忠诚）。[5]

言简意赅地说，教师的工作愿景是能把他们作为一个人的潜力充分发挥出来，并能支持学生也这样做。简言之，教师渴望自身及其学生的存在——以"人"之名，如同之前使用过的术语——"出现"（appear），是能够被看见和被承认的，不是功能主义者审查下那样压制或窒息的，更不是目的性地理解教师和学生的角色（后面会更多地讨论功能与目的）。教师希望教室是一个参与者可以表达他们人性、思考、感觉以及对存在好奇的地方。马颖（Ying Ma, 2018a）的博士论文主题是教学存在现实，她通过自己7年的小学教学经历写道："对我来说，成为一名教师并不是一种成就，而是一种持续的承诺，对什么是好的和可取的进行彻底的质疑，带着彻底的希望去拥抱一些我还不知道，也可能永远不会知道的东西。"（第181页）她对教学所承诺的"深层善意"（deeply good）的渴望或爱欲，表达了她的使命感。我们可以说教学占有了她，而不是相反。她的教师经历和学术著作说出了一个所有

优秀教师都心知肚明的真理：没有教师能达到教学上的完美（不管那意味着什么），但所有人都能更接近而不是远离它。⁶

教师对真实的渴望体现在教学的热情中。这一说法包含着欢乐时刻和强烈而难忘的意义时刻，它产生于教师为特定学生的福祉稍有贡献，与苦苦挣扎的同事取得更有效、令人满意的教学突破，或者与父母或监护人进行有益交流里。这种欢乐，更深刻丰富持久，比满足感或享受更罕见，完全来自于对工作的投入（Briand, 2018; Poetter, 2006; Sherman, 2021; Wolk, 2008）。欢乐也指向笑声：老师和学生分享的笑声是一种非常独特的笑声，它不同于家人或朋友的笑声。我曾多次目睹过这样的笑声。

激情也包含着痛苦——这个词在古代是"不得不经历"的意思——许多教师都经历过这种痛苦，因为在今天的公立学校工作，若非在其他学校工作的话，常常以妥协、半途而废和失败为标志。这些教师可以证明犯错所带来的精神和情感上的痛苦，尤其是在职业生涯的开始阶段，因为他们在充满挑战的条件下慢慢学习自己的技能。这些困难迫使一些教师离开这一领域，或导致他们在不知不觉中缩小他们的关怀范围，以掩盖他们的脆弱和失望感（Kelchtermans, 1996）。对另一些人来说，每天要和100多个孩子或青少年在一起工作，这一事实就会消磨掉他们的敏感度、耐心和想象力（Lortie, 1975; Waller, 1932）。一些后果随之出现，如教师对自己的教学义务不确定，对自己的为人也不确定，与各种各样的人打交道时更显经验生疏。

此外，我们这个时代，学校里标准化考试普及，数不胜数自上而下的管理"问责制"长期困扰（如果不是阻碍的话）公共教育，无不表示对教师不信任。这种社会不信任（Earle & Cvetkovich, 1995）只会增加教师的痛苦。他们必须隐藏教学是多么具有挑战性的现实，以免显得不专业或不称职。他们必须更努力地保持对学生和教学实践本身的基本道德承诺，然而这些教师感到压力胁迫时,便会将自身的工作简化为一种狭隘的社会再生产模式。许多学者已经言明这种痛苦的程度(Ball, 2003; Day & Gu, 2014; Santoro, 2018; Wills & Sandholtz, 2009)。

与此同时,最近的教学工作,包括一些相似的研究,也表明了为什么许多敬业教师在职业生涯中遇到结构性障碍时仍然坚持不懈(Ballenger, 1999; Carini & Himley, 2010; Nieto, 2003; Rodgers, 2020)。在很多情况下,他们这样做是因为教学热情中的另一个方面:深切的责任感随时间推移而增长。我们从研究以及来自教育系统各级教师雄辩的个人证词中得知,他们的动机各不相同。它们包括渴望与儿童、青年或成人密切而系统地合作;与某一特定学科如艺术、科学、历史或文学建立深厚联系;通过教育促进正义和人类基本福祉的愿望;其他各种各样的来源。例如,学者们已经从概念上和经验上阐明大学不同学科的教师在教学中表现出强烈使命感。约瑟夫·爱泼斯坦(Joseph Epstein, 1981)汇集了那些度过非凡专业生涯的教师感言。安娜·诺伊曼(Anna Neumann, 2006, 2009)立足于细致访谈,描绘了具有职业意识的教师是创造性融合教学、研究和服务的人。杰夫·弗兰克(Jeff Frank, 2019)描绘了马萨诸塞州威廉姆斯学院数十年来备受尊敬的约翰·威廉·米勒(John William Miller)老师出色的教学方法。这些作品中,高等教育教师一方面似乎被他们所教学科吸引,同样也被迫把他们的学科教好,激励学生以最佳状态去感受、思考和成长。[7]

米歇尔·福斯特(Michele Foster, 1997)、格洛丽亚·拉德森-比林斯(Gloria Ladson-Billigs, 2009)、凡妮莎·沃克(Vanessa Walker, 1996)、格蕾丝·斯坦福(Grace Standford, 1998)等人阐述了召唤的丰富意蕴,这种使命感激励了K-12阶段和不同世代的大量非裔美国教师。这些教师在教育过程中被一种共同体意识所激励,正如莎拉·劳伦斯-莱福特(Sara

Lawrence-Lightfoot，2009)所说的"回顾和展望"。从文献来看，这些教师带着高期望、坚忍和一种"资源"视角应对工作。也就是说，他们不认为学生有事实上的缺陷，推定学者(Gonzalez et al.，2005；Moll，2019；Moll et al.，1992)侧重一种"知识基金"(funds of knowledge)取向，即学生来自边缘化群体是历史的产物，世界各地的学生都一样，总是带着可观的文化背景、个人知识进入学校，并对学科知识的学习过程起生成性赋能作用。[8]这些故事中，教师们把师—生—学科这一常见的三角关系生动呈现出来，被当成一个动态、互动的整体。他们这样做是有意识的，这种意识可能只可意会难言传，即教育三角(educational triangle)的基础是一个存在主义三角(existential triangle)，由与个人和集体繁荣、人性和人类境况，以及如何最佳促进人类成长有关的系列问题构成(Higgins，2010)。

简而言之，个人的动机或灵感对使命召唤至关重要。正如19世纪护理界的著名领袖弗洛伦斯·南丁格尔(Florence Nightingale)曾经写道："有什么感觉是一种召唤？难道不是为了满足你自己对何谓正确、最优的崇高理想去做你的工作，而非因为你不做就会被'踢出来'。从鞋匠到雕塑家，每个人都必须'热情'得宜地遵循自己的'使命'。"(Emmet，1958，第260页)南丁格尔对"热情"一词的使用唤起了它的原意：热切的，受到鼓舞的，充满激情的。它不需要公开表达，却在一个人的身体里深入强烈运行。尼采认为，这种热情在圣人[像圣·特蕾莎(St. Teresa)]、艺术家[(想想诗人莱纳·玛丽亚·里尔克(Rainer Maria Rilke)]和哲学家(想到了苏格拉底)身上达到了顶峰，他(她)们把自己的生命奉献给所做的事情。

教学召唤的社会起源

从这本书的角度来看，内在动机只是等式的一部分。正如前一节所预期的那样,社会实践是另一部分,它把动机带进生活使这些术语在字面意义上成为可能。根据我的理解,一种召唤不可能仅仅作为一种精神状态或灵魂存在,不能脱离了身体或实践。相反,人类内心深处的渴望却可以。文学作品中充斥着年轻人和老年人的故事,他们都对意义和目标有着深切渴望,但他们可能不知道如何找到词语表达,更不用说如何将它变成现实(有时他们不能)。如前所述,职业召唤也直接激发了一个人对成就感的渴望。然而,职业使命感并非一种自我产生的东西,不能选择性应用于某种特定或多种不同的工作。相反,它是一组向外涌、向外溢的冲动,是对召唤或召唤一个人行动的东西做出反应。使命召唤的观念,与不切实际幻象成就构成鲜明对比,它将不时抓住人,以一种社会实践为前提,催发我们对世界作出贡献的内在冲动。

与教学职业相比(见下一节),新进入教学实践的从业者总会疑惑一个问题,为什么这里的实践不同于人们在机构中执行规章条款(MacIntyre, 1981/2007)。行医并不等同于在医院工作。教学和在学校工作不是一回事,尽管大部分教学是在学校里进行的。教学实践比任何特定的学校都要古老得多,如果历史可以作为可靠的指南,它将比今天存在的任何特定的机构都持久。[9] 此外,像教学这样的实践随着时间的推移会形成一种重要传统。这一传统包括:(1)每一代教师都反复碰到许多工作方面的问题,事关学习、评估、课程和教学本身的意义;(2)随着时代、资源和环境的变化而不断变化的教学行为形式;(3)不断思考教学、教育和社会的关系。我在整本书中都运用了这个框架。这里对实践和制度之间的区别,再次强调了何以前者相较于个体被召唤感更为优先。换句话说,职业本身先于所谓的职业使命感。当一个人仅仅把教学当作实现自己目的的手段,而非在实践意义上认真对待教学,其间就会产生紧张。这些教育术语与每一位教师的个性化目标兼容,但并不是与所有目标契合(下文将详细讨论这个复杂的问题)。

另一种说法是,一个人的"内在"动机可能是根植于关系的。它不是凭空捏造出来的。一个人如果没有长时间地接触这个世界,很难产生参与这个世界和为他人服务的愿望。同样,许多人从事教学工作是因为他们曾经有过的老师,他们研究过的和喜欢的学科,认识的或一起工作过的年轻人,或是多元的社会和政治理想。换句话说,教学召唤来自人们在这个世界上的所见所闻,而不仅仅是道听途说或冥思苦想。感受上,因内驱动力而行与因外在事物召唤而行是相连的。

这里谈到的激情和爱欲的模式随时间推移而以具体形式出现,都是从真正参与实践开始。许多教师候选人和教师确实有明显动机,但对许多人来说——至少在我的经验中——无论是言语上还是行动上,他们仍需要较长时间才能意识到吸引他们从事教学工作的真正动因。应聘教师者或许能够谈论一些教学方面的事情,那部分是因为他们知道这样做是正确的,其实对他们来说还有点遥远、抽象和不确切。教学的召唤往往是不成熟的、不清晰的,而且在相当长一段时间内都是如此。很难辨别到底是什么"内在"的教导,何以能促使一个人投入其中,坚持下去,即使面对无数的挑战,也要日复一日地尝试。事实上,我们知道有些人或多或少地陷入教学,因为他们想不出还有什么别的办法,或者放弃了以前的计划——但在某些情况下,他们只是意识到这样一个事实:在一天结束时,他们陷入这种困境而不是另一种困境,这不仅仅是巧合。厄尔(Earl)是一位备受尊敬的11年级英语老师,他参与了我将在第三章中描述的一个项目。他曾讲述过他是如何计划大学一毕业就去医学院的。当他有一个意外的机会在当地学校代课时,他放弃了原来的计划。"我就是喜欢",他如是说,"我每天回家都很开心,和孩子们有各种各样的互动"。他从未后悔想过回头,还补充道:"我的意思是,我甚至不知道这是我想做的工作。"(第144页)[10] 一个人意识到他们对公共服务生活有着深切的渴望并不总是瞬间发生的，这就是教学的可能。

职业不同于其他活动

"职业"不同于其他描述教学的术语，譬如，工作、做工、事业、工种和专业等。本节将围绕这些术语的日常意义进行区分，是为了重要的启发式目的。也就是说，我不打算具体化或本质化这些概念，也不打算对其中任何一个提出质疑。它们在各自的领域都是可用的。但是，它们确实不同于职业。

从这本书的角度来看，工作（jobs）是一种提供生计或生存的活动。工作包括高度重复的任务，其内容不是由执行这些任务的人来定义的（比如，在快餐店工作）。中古英语中，"job"的词根是"一块"（lump）或"一件工作"，其意思完全不包括从事这项活动的人。而职业不仅包括维持生计和生存的来源，还重视个人自主权和个人意义，后一点与工作的意涵区别最明显。

做工（work）与工作的不同之处在于，它指一种工作者可以帮助定义其内容的努力。这样做可以产生真正的个人意义。虽然工作对一个人的价值感和自我感有重要的贡献，但它并不意味着要为他人服务。它不需要参与实践，比如教学，对他人有自己固有的义务和责任。根据我的理解，人们可以谈论隐士的工作，这对个人来说是非常充实的，但不能谈论隐士的职业。如前所述，职业的概念以公共服务为前提，在某种意义上，例如，人所做的事情是公开进行的，涉及服务某些特定的公众或社区（例如"教室"社区）。一个过着隐士生活的人可能是个例外，他为他人的幸福祈祷，但这种生活仍然缺乏公开参与的公共意涵。

事业（career）指的是长期甚至终身参与的某一特定活动。它最初的意思是街道或道路——中世纪法语术语 carrière——表示路线或方向。这个词强调工作的时间维度。例如,一个人从特定年龄开始工作,到较晚年龄退休。这个词几乎适用于所有能想到的工作类型。一名工厂工人,一名城市雇员,一位职业运动员,一位艺术家,一名学者,都可以代表一份事业。众所周知,一份职业也可以与一种使命召唤相吻合。但从这本书的角度来看,事业和职业的区别如同工作、做工一样。它未必表示追求个人实现、认同感和公共服务的努力。一个人有事业可以一辈子经济无忧,显然也是一种重要的人类价值,但其意义也仅此而已。

"事业"一词,有时单独用于特定的日常活动中。某人可能会说,"我成就一番事业"。这句话中,它包括许多不同的工作。如此一来,事业是个非常个人化的概念,不利于此处的探究。它甚至意味着某种操作,例如,当事情变得艰难时,从一份工作跳到另一份工作,而不是握紧某项特殊活动所要求的东西,抑或是将自己的工作降至满足自身的目的,如同"职业主义"(careerism)所说那样。正如我所主张的,职业需要对实践忠诚,而不仅仅是满足个人喜好。如前所述的教师,以及接下来书中要谈到的教师们,都与职业主义的心态相去甚远,也很少追求立竿见影的成功。正如教育学者约翰·奥尔森(John Olson, 1997)所评论那样,真正的教师可能会给人留下"几乎超凡脱俗"(第 500 页)的印象。"几乎"是关键词。教师不是无私美德的典范,也不是英雄;既不是新手,也不是万无一失的专家,而是——正如奥尔森所言——"那些在捉摸不定的任务中挣扎的人,条件一般却做到了最好"。他们是"被行善路上的困难磨炼过"的人(第 500 页)。"磨炼"一词,十分恰切地描述了敬业的教师实践越深入,德行越成熟。关于这些术语,我将在第二章和第三章中详细介绍。

工种(occupation)是在一种机制内的努力,机制又是嵌套在一个社会的经济、社会和政治体系中。由此说来,教学是学校中几个工种中的一个,且构成了教育体系的一个结构化层次。其实,人们可以在没有使命感的情况下占据职位。相比之下,本书及其前一本中所描述的教师有时也会质疑自己是否值得被唤作教师。他们的问题不是工种方面的;从组织的角度来看,他们当然是教师。只不过,他们有时怀疑自己教学的有效性,对学生有没有影响,以及成为这个角色的原因。我要说明的是,这些问题都是职业的(在使命召唤的意义上),而不是工种方面的。与此同时,教师也会质疑如何区分工种与职业之间的界限。例如,他们在多大程度上应当承担该由体系中其他人承担的某些责任?

最后,专业(profession)的概念类似工种的扩大版,指通过专业知识丰富从事某一工种的社会贡献。这个词最初的意思是"公开声明"。从事像医生这样的职业的人可能会认为自己履行的不仅仅是一种制度化的职能。相反,他们可以宣称这样一个事实,即他们通过认真的、经过认证的培训获得了专业技能和知识。他们可以公开表明自己能更加专业地应用相关的知识和技能。他们可以寻求提高自己的地位、声望以及免受外部介入的专业自主权。他们可以试着提出增加其成员报酬的要求——所有这些在与其他专业争夺公众尊重和支持时都可能发生。

专业人士应当忠于一套行为准则,不管正式与否,都必须做好相关工作的充分准备,由此可见职业的概念是怎样重叠的。如前所述,职业是以社会实践为前提的,它具有内在的义务和责任。此外,一个人受到召唤而努力并不意味着会成功。'前面提到的"热情"并不能构成充分条件。职业使命感也不排除一个人因受召唤完成任务时需要好好准备。

然而,至少有两点理由将事业与此处所说的召唤区分开来。首先,如同工种的意涵一样,人们可以行事很专业,但未必将做工作视为职业。专业人士可以一边履行职责，一边从别处获得基本的认同感和个人成就感。在第六章中，我将回到这一点上，当我回答教师应不应该将自己所做之事视为一种使命时（我的答案将超越是/否的二元对立）。第二，专业概念中对公众认可、更大自主权、更多奖励等的强调，使人偏离了教学中日复一日、私人层面的意涵，以及审美、道德和智力层面的东西。在这里，"审美"指在给定状况甚至微末细节下的一种心态、敏感性、意识和觉知。它还意味着有一种体验和把活儿干好的意思。"道德"与教师如何看待和对待学生（如，体贴或尊重），以及他们所教的科目（如，关心它们作为探究和知识主体的完整性，以及它们在人类生活中的意义）有关。"智力"突出思考、推理、交谈、分析、判断等方式。职业带领我们进入实践的这些方面。职业的语言让我们更接近教师们所做的事情，以及他们为什么这样做，而不同于这里所描述的工作、做工、事业和专业等概念。[11]

教学目的、功能和传统

把教学看作一种召唤，意味着它是一种意义大于其各部分之和的活动，尽管意义还不太成熟。它大于执行有限数量的预先规定的职责和责任，并以一套预先规定的奖励作为补偿。埃米特（Emmet, 1958）认为，一个有使命感的人通常不会知道它将把他带去何方。

> 这是因为他将不仅仅是按照公认的规范执行特定的功能，而且还将探索思维和工作方式的新可能性。所以，一个阶段可能会为另一个阶段打开更多的可能性，他会发现他必须继续下去。他不能给自己设定一个有限的目标，然后就此结束，如果他只是按照既定的规范做一份

工作,当然也可以这样做……(不过)总会有一种内在激励,阻止他把自己的工作视为一项目标有限的常规工作(第254—255页)。

埃米特的评论强调了与职业工作观相关的功能(即纯粹而简单的角色)和与职业观相关的目的(即与角色中的实际人员以及他们如何塑造角色)之间的差异。功能意味着有能力遵守"这里的做事方式",这样另一个有类似准备的人可以很少或不需要调整就可以接管这个角色。教学目的意味着在注意角色功能方面的创造性而不是模仿,这是一种利用教师个人的审美、道德和智力能力以及从事工作的基本原理的参与。正如埃米特所强调的,没有人可以演绎另一个人的职业或独特的目的性。

目的伴随着召唤和实现召唤的实践。一种实践像是一种召唤,但并不等同于一类工种。每一位敬业的教师都参与实践的条款——如前所述,把自己交给它们——同时也完善和构思实施它们的新方法。通过这种至关重要的方式,教师直接为持续的和动态化优异实践作贡献。不同的是,教师由于接受实践,以及被实践所接受,换句话说,教师继承了融入实践的教育学和哲学传统。接受这种继承是描述"参与做事"的一种方式。与此同时,教师通过他们独特的教学方法绵延传统,因为他们完成工作的方式本就千差万别,更是因为总要因应不断变化的社会条件和不断发展的知识状态。所有这一切都说明实践的连续性(不要与同质性混淆),这种连续性可以追溯到几代人。回过头来想想本书及其前一本封面上的老师们,一定意义上可以说,他们是今日教师的祖先。[12]

总而言之,目的与教学相一致,教学是一种召唤,是一种实践,具有不断发展的批判传统。功能与有历史的职业紧密相连。历史和传统不是一回事。历史是一种记录,也是一笔账。历史意识是一种过去在当前的思维和行动方式中所发挥作用的认识。传统是跨世代实践者之间的持续对话(参见 Gadamer, 1960/1996; Oakeshott, 1989)。当未来教师开始阅读孔子的《论语》、柏拉图以苏格拉底为主角的《对话录》,以及其他几个世纪以来涉及教师和教学的文本时,他们实际上是在与同时代的人交往。这些"仅仅"具有历史意义的睿智声音再次发声,并对那些想成为教师的人说话,这尽管有点儿戏剧性。与此相似的观点是,那些候任教师回想起儿时的受人尊敬的老师们,尽管已是遥远的时空记忆,但在候任教师们想象深处再次说话,提出问题、提供可以做什么的可能性,甚至提出鼓励,在他们的良心里边低语,等等。以上这些都是来自传统的活生生的声音(参见 Pagès, 2020),并记录着为什么教师既继承传统,又适时地为传统作出贡献。总有一天,又会有人记得他们。如果没有这种记忆层面持续对话,以及一些回忆深处的生动要素,作为实践的教学就会消失(Ben-Peretz, 1995)。教师教育的中心目的之一是帮助教师保持活力,尤其是面临压力时,要学会把教学转变为一类只可互换工作人员的工种。

这本书本身就是在教学中与传统的接触,没有它是不可能的。如果没有我所继承的一切,我将毫无发言权。这种继承的来源多得我都说不出来。这是一个源源不断的影响泉眼,从柏拉图的充满活力的对话录,刻画了不断挑衅的苏格拉底主角形象,到蒙田(Michel de Montaigne)对一位"见多识广的"教师令人回味的写照,该书于 1580 年首次在他的祖国法国出版,到胡安娜·克鲁斯(Sor Juana Inés de la cruz)的鼓舞人心的例子,即成为一个真正受过教育的人意味着什么,正如她在 1680 年首次在她的祖国墨西哥出版的散文和诗歌中看到的那样,到卢梭 1763 年出版的《爱弥儿》一书中对教师充满激情(且极具争议)的描述,到杜威 1916 年出版的《民主主义与教育》(尤其是第 8—14 章)中对教学和学习经验统一的精妙构思,以及我自己的老师,以及我在工作中到访过他们教室的许多老师。当我第一次阅读这些作品或目睹这些老师的时候,我就开始受他们影响,尽管当时很难察觉到全部的影响。事实上,我今天无法计算效果,将来也无法计算。这种不断变化的继承并没有给我发言权,也没有告诉我该说什么或做什么。我必须尽我所能来完成教学任务。继承所提供的是一个不可或缺的背景或基础,立足于此,我得以成为一名教师、教师教育者和教学探究者。这一基础,乃是由几代敬业教师和几个世纪以来哲学、历史和真实教育研究奠定的。

　　教学中的传统和继承是抽象的概念,但它们在无数的文本和实践者中又有具体的体现。回到声音这一主题,我可以很自信地说,如果不是因为我最好的老师之一鲁茨基(Rudski)女士(遗憾我只记得她的姓)——我读十年级时的英语老师,我不会写这本书,至少不会以这种方式写(我必须补充一句,她不应因为这里谈到的任何缺点而受到指责!)。如果我和我的同学们不是真诚努力,鲁茨基夫人对我们就没有耐心。她会直截了当地说,她希望我们做得更好,因为她相信我们可以做得更好。我不能说我当时喜欢她。但她教我写作,教我什么是诗。她永远地——尽管当时我没有意识到这一点——意识到写散文(如本文所述)和写诗歌之间的紧张关系。由于她全身心地投入到教学中,我也习得了如何尊重教育的理念,并开始与我自己的教育建立联系,尽管我当时无法将这些想法付诸文字。这一点反映了我当时可能感觉到的东西,而不是认知。或者也许是我不知该怎么说才看到的,那就是鲁茨基夫人已经担任了这个角色,以至于它不再仅仅是一种职业。我当时说不出,现在也说不出,这个角色从哪里结束,在哪里开始,反之亦然。她熟悉教室里的方式,包括有形和无形的种种。

　　回想起来,我也意识到鲁茨基夫人似乎解决了教学被当成一种职业时附带而来的伦理紧张。(这里需要注意,并非所有张力在意义和方向上都是消极的;想想伟大小说所营造的叙事张力吧,它会吸引读者,而不是排斥。)问题是如何将职业召唤的伦理——或者换句话说,创造性工作的伦理,这是职业召唤在教师身上召唤的东西——与个人关系的伦理结合起来(Emmet,1958,第 262 页)。鲁茨基夫人似乎赞同乔治·斯坦纳(George Steiner,1989)的观点,即"任何读者或作者都不可能对语言的骨骼结构和神经系统了解得太多"(第 84 页)。她坚持严格的标准,这反映了那些渴望做好这项工作的人所面临的高门槛。但她并没有用这些标准来操纵或恐吓我们。相反,她在与我们一起工作时制定了这些标准:我们的阅读、写作和口语能力在学年的特定阶段处于什么水平。她对我们的工作格外细心。我仍然记得在她的笔迹中所能感受到的能量;她总是为我们的课堂作业提供书面评论,包括语法和拼写。现在,我依然很感动,当我意识到她在处理与教学召唤相关的双重伦理方面颇有成就:创造性地制定工作本身的条款,同时确保这些条款是尊重学生的。[13]

教学作为一类工种的历史,围绕教学是一种实践的对话,还有其传统以一种混乱而复杂的方式交织在一起。目的和功能的发挥也是如此;它们也交织在学校每位老师的生活中。就像鲁茨基夫人一样,成为一名成熟教师的标志部分是知道何时应该在职业中表现自己,这比懂得一些职业术语更重要。有时,出于合理的理由,也必须注意后者。例如,出于专业一致性甚至学生安全的考虑,在学校制定建立出勤政策是明智的。然而,有时工种(occupational)承诺必须让位于职业承诺,例如,老师保护一个迟到的学生不受机构监控,因为他们知道学生在面对多重障碍时正在努力取得成功,在他们身上留下一个反面记录于事无补。像这样大大小小的伦理难题,渗透在学校体系各个层次的教学中,并产生了许多对教师和候任教师有用的应用研究(Campbell, 2003; Hostetler, 1997; Levinson & Fay, 2016;

Orchard & Davids, 2019; Orchard et al, 2016; Santoro & Cain, 2018; Simpson & Sacken, 2021)。从第二章开始，我将使用一个新的、更古老的伦理学概念，它与教学概念相一致。

让我以对职业的另一种考验来结束这一节，根据洛根·史密斯(Logan Smith, 1934)的说法，这种职业"是对它所涉及的苦差事的热爱"(第182页)。史密斯精辟的表述有夸张成分。尽管如此，每个职业都包含着日常琐事，教学也不例外。教师必须整理他们的教室，保证教学材料是完整的，要倾听无数的问题与担心，等等。有些人可能会说，正是这些日常活动随着时间的推移结合在一起，可以加强工作的意义和成就感。像旅行记忆持久来自对沿途特定事件和障碍的关注那样，从职业中获得的部分满足感来自对细节的关注。这一概念并不意味着，一个人受到教学的召唤必须精致感知实践。而是这个人倾向于注意细节和细微差别，锤炼感知能力和敏感性。也不是要浪漫化"苦差事"——需要处理细节。相反，它强调教学的日常义务并不是对职业的干扰，而是构成了主要事件本身的一部分，一个人所实行的所有个人步骤加起来就是教师和他对学生的影响。日常细节具体化了教学的召唤，就像他们在社工、护理和其他实践中所做的那样。17世纪的作家、翻译家玛丽·德·古尔内(Marie de Gournay)是蒙田(1595/1991)著名随笔的第一个编辑，理解平凡事物的意义——评论道："伟大的事情依赖于微末琐碎……生活本身不过是一些细节的合成……任何东西都有值得称道的地方：如果它触及谁，分量自知。"(Gournay, 1998, 第77页)

受到召唤的教师进入工作便会感到"触动"(touch)。呼应前面所说，任何事物都可能带有神圣色彩，不管是否如此命名。学生是什么样的人，他们说什么，做什么，总是置于教师考虑的优先级。用披头士乐队(the Beatles)(*For No One*)(另一首别样悲伤的歌曲)中的一句歌词来说：总有那么几回，学生说的话会浸入老师的想法。学科教学也向前发展,无论是艺术、数学还是科学,每个科目凝结着无数人努力、欢乐和痛苦的表达。但是,即使是在一些看似毫无意义的事情上,老师也能感受到这种触动,比如在周末扔掉用过的钢笔。把笔扔进垃圾桶之前,他们可能会不自觉地犹豫片刻,带着一种几乎看不出但又很真切的严肃感,那是一些教师工作时多次使用这支笔的瞬间图像,各种情绪又随着图像回响。教师在瞬间顿悟的犹豫中,产生了一种不言而喻的感觉,与其说是因为钢笔这样的实体存在,不如说是因为教学存在,此时钢笔把它具体化了(鲁茨基夫人有一支时刻在身的红笔)。教师短暂到很快被遗忘的停顿,是对此类事情最初存在之可能的神奇回应。哲学家维克多·克斯滕鲍姆(Victor Kestenbaum,2002)将此类停顿称为"渗透超验的尘俗"(transcendence-penetrated mundanity)时刻(第21页)。这些经历可能永远都说不清楚。它指向教学中的真理,教学在头与尾是一种感受,中间是思考和批评。我将在下一章讨论这个主题。

简要回顾

本章从哲学角度考察了一系列概念,旨在阐明教师在实际工作中的社会价值和个人意义。这些概念或"哲学范畴",如达里尔·德·马泽奥(Darryl De Marzio,2020,第5页)所描述的那样,构成了职业感。虽然我们可以分开探讨"召唤"(calling)和"教学"(teaching)这两个术语,但"教学的召唤"(the call to teach)是一个整体,或者更好地说,是对工作的统一定位。正如我们所看到的,受聘从事教学职业的人并不仅仅把它看作一份工作,尽管收入和其他现实考量同样重要。这个人对工作带来了一种能动或允诺的精神,其中又包含着他们致力为工作作点贡献的信念,即使他们可能不清楚会贡献什么。受到召唤这一概念,指教学中有一些独特的东西,并非盲目相信自己的能力或斗志。反而是教学作为一项职业,与问题、怀疑和不确定性携手同行,一些源于这一工作本身的性质,一些纯粹是因为人们并不将它看作机械的任务(任何非常规的努力似乎都涉及风险和不可预测性)。此外,尽管实践的具体细节也是值得留神关注的,教师仍会把工作的意义看得更重,远比满足一些零散的需求更关键。

职业意识只有在社会实践中才能得到体现。教学、护理和牧师等社会实践有其自身的完整性。他们有自己的身份,必须平衡个人的独特性、理想和服务意识。所谓教师是不可互换的,并不意味着他们各自"占有"教学。天平的另一端也有同样的分量:如果没有教学实践,准教师就没有行动的环境。教学以社会媒介为前提,社会媒介提供了许多与之相关的意义。人们不会简单凭空创造出这些含义。它们是帮助他人全面学习和成长的典型意义。简而言之,想要成为教师的人进入了一种根植传统的职业,几代人在这种职业上建立起层层常理。教学作为一种召唤,假定了一种意愿,愿意承接此项工作履行公共责任,愿意视己为一种不断发展的传统的组成部分。

大多数教育政策文件、教师教育计划和教学研究与干预程序中,很少出现类似提法。主要原因是,在一种被广泛理解(我对此表示同情)的进步主义观点的支持下,教育工作者往往似乎把传统和传统主义(traditionalism)混为一谈。他们看到一些老师使用"过时的方法"和"过去的心态",感叹"传统"。这里有两点值得强调:(1)虽然有些教师,和其他领域从业者一样,囿于批评家所说的套路——这对学生有潜在的有害影响——但其他许多教师则不是。研究和大量教师证词都揭示了不断试验新方法,与持久而深刻的教育信念联系在一起,与教学的召唤有关。所有这些都构成了一个理所当然的背景,没有这个背景,政策、研究和干预难以产生吸引力。(2)传统不是传统主义。虽然后者表示试图停止改变和冻结实践的原样（甚至回到以前的状态），传统却是动态的。它总是经历着变革。从某种意义上说，这是一个永远不会结束的故事。它为新教师提供了许多教育政策、教师教育计划或理论本身都无法提供的东西：对过去、现在和未来的活的感觉；成为一项长期的卓越的人类事业的一部分的感觉，每位教师都可以独特的方式为这项事业作出贡献。[14]

正如本章所论述的，受召唤的教师带着精力、想象力、信念从事这项工作。每一个新进入实践的教师必须保持活力并与学生相适应。同时，每个人又改变着他们所继承的传统，不管多么微弱，都在尽其所能应对更大范围挑战。于此，工作一词保持了连续性：他们总在某处欢迎或者挑战新来者。这种连续性不是复制，正如，没有两位教师会以完全相同的方式提问题或听学生意见。只要老师们想教学，每一位都会提出问题，都会倾听。

本章借鉴了上一本书开篇介绍的几个观点。25年后，我仍然相信书中所说的全部内容。不过，鉴于自那以后的知识进展——在教学和教师教育方面，包括在教育哲学和我自己后来的经历上——已有更多要说的，当然也有些事情和以前不同了。我将在接下来的两章继续讨论这一问题。我将回顾这篇导言的几个关键部分，并加入另外的问题和观点。我希望把多年所得的更深刻成熟的体验带给读者，这种体验视教学为一种伦理实践。第四章的任务是描绘教学以及与教师合作中构造引导、辨识和推理的方式，这里一切事关教学的召唤。我把这种引导称之为教学和教师的见证。

注释

1. 例如，见 Bullough 和 Hall-Kenyon（2011，2012）；Buskist 等人（2005）；Chater（2005）；Estola 等人（2003）；Madero（2020）；Michalec（2013）；Michalec 和 Newburgh

(2018); Serow(1994); 和 Sinclair(2010); 另见 Farber 和 Metro Roland(2020)、Inchausti(1993)和 Palmer(1998)。

2. 值得注意的是,小说家和诗人都直接谈到了职业这一主题。例如,诗人 Rainer Maria Rilke 在他的全部作品中表达了他受到召唤而写作,由此过上了梦寐以求的诗意生活。他提到了自己的"职业等待"(在诗歌 Turning Point 中):当一个人沉思世界时,他是在等待可见与真理降临。Alan Mintz(1978)研究了他 19 世纪英国文学中出现的"职业小说"。他的研究围绕着 George Eliot 的杰作 Middlemarch 展开,认为它生动描绘了在工业革命及一系列社会变革之后,人们如何开始将工作不只视作谋生或履行规定职责的东西,更是自我定义和自我实现的潜在工具。Eliot(Mary Ann Evans 的笔名)展示了怎样将个人命运成就与服务伟大事业相联结。与此同时,她将紧张局势戏剧化,试图平衡自我需要与传统的家庭、社区和社会期望。众所周知,这种紧张关系一直也在教师的生活中出现。

3. 参见 Lewin(2016),对宗教信仰如何介入教育理论和实践进行了富有启发的讨论,该术语表示一种神圣的、值得尊敬的态度,与任一特定宗教无关。

4. 这些术语与密切而持久地关注学生,日复一日全心投入所任教科目等等有关,我将在适当的时候再讨论它们。

5. 关于爱在教学中的性质和地位的讨论,请参见 Game 和 Metcalfe(2008)、Garrison(1997)、Hogan(2010)、Liston 和 Garrison(2004)、Noël Smith 和 Hewitt(2020)、Rud 和 Garrison(2012)以及 David Aldridge 和 David Lewin 编辑的 Journal of Philosophy of Education 特刊——love and desire in education(2019)。有关欲望与教育的细致而敏锐的研究,部分是通过对柏拉图令人难忘的对话《会饮篇》的文本细读来构建的,请参阅 Stillwaggon(2006)。

6. 哲学家 Friedrich Nietzsche(1874/1995)捕捉到了人类渴望的深层源泉,这种渴望体现在爱欲中,如此深沉,以至于它不仅逃避了人们的全部意识,而且难以言表:"有一些时刻,就像过去一样,是最明亮、最炽热的火花,在它们的光芒下,我们不再理解'我'这个词;在那里,除了我们的存在之外,还有一些东西在这些时刻变成了此时此地,这就是为什么我们全心全意地渴望一条连接这里和那里的桥梁。"(第 214 页)尼采的话呼应了柏拉图的信念，正如 Lear(2006)所说，"人类有限情爱本性的条件之一是，我们凭直觉可知善是人难以把握的"(第 121 页)。

7. 另见 George Steiner(2003)对过去几个世纪中师徒关系的毫不掩饰的赞美。

8. 对学生而言，这种方法的智识难点之一是 John Dewey 强有力的"经验"概念，它是人类学习和发展的必要基础；参看他的 *Democracy and Education*（1985 年）和 *Experience and Education*(1988b)。

9. Alasdair MacIntyre 本人并不认为教学是一种实践，而将其视为一种实现其他实践的手段，如阅读、写作、参加体育运动、从事法律工作等。在他看来，工作没有内在目的。对此我持相反观点（另见 Hansen，2001a，2011），同另外一些批评立场一样，在我看来，教学理所应当被描述为一种实践。例如，参见 Dunne（2003）和 Dunne 和 Hogan（2003）；另见 Hogan(1995)对教育功能屈从于许多经济、教会和政治目标的批评。

10. 根据事先协议，这里提到的项目的所有姓名都是化名。

11. 我使用"日常"一词，是因为所有的文献——社会学、经济学、政治和历史——都重新认识了这里讨论的概念。例如，Hannah Arendt(1958)和 Thomas Green(1968)一方面区分了"劳动"和"工作"，另一方面，"工作"被认为是一个人认同感的组成部分。根据两位作家的观点，现代生活的特点是劳动和工作之间日益尖锐的分歧，劳动是为了生存的工资，而工作是为了作为一个人的繁荣。John Dewey(1985)颠覆了职业的典型观点，强调充分而有意义地"占据"时间和空间的动态本质，这样"职业"(不能简化为打工或工作)就能提取人的能力和能力。Stephen Bailey(1976)认为，当代社会教育的一个中心目的是引导人们如何明智而有意义地利用闲暇，将闲暇视为一种机缘，像工作（在 Arendt 和 Green 的意义上）一样经营个人的生活。

12. 并非每位教师都坚持这种做法。一些实践者仅凭礼数就获得了这个称谓，因为他们在工作中投入很少——这是我脑海中能想到的每一项社会事业的困境特征。我将在第四章讨论教学和作为教师的尊严时回到这一点。

13. 研究教学和教师教育的学者提出了先前影响局限性的重要问题。这些影响以从教者自己的老师，甚至是好老师的形式存在。不加批判地模仿这些老师是完全可能的，包括连他们自己都不知道的一些不太有效的方法。这种担忧指出了从最广泛意义上反思自我成长过程是有价值的，对教师来说是，这是一种生存的必要条件。从教者们可以回顾一些已知的最早的教育著作（例如柏拉图的《对话录》）。至关重要的是，这种担忧并不意味着鼓励教师在实践中背弃传统，就好像这完全有问题一样——我担心这种态度在我们这个时代的教育政策和一些教师教育方法中普遍存在（参见 Donnelly，2006）。我在第五章中，在教师证词的叙述中，以及在书中的其他地方，阐述了传统的生命力。

14. 即使是对传统的批判也包含着传统，即批判传统的传统。毕竟，这种批评并不是从头开始的。它取决于其前身的努力，包括那些将思想本身变成研究主题的思想家。对这种动态传统观的高质量刻画包括 Cua（1998）、Gadamer（1996）、Langford（1985）和 MacIntyre（2007）。Pádraig Hogan（2020）在评论我的《教学召唤》（1995）一书时，提出了一个令人信服的理由，将召唤的概念与教育中强有力的传统概念相结合。我在之前的一项论证（Hansen，2001a，第 6 章和第 7 章）中试图回应这一点，在本书中亦对此进行了扩展。另见附注 9 中的参考文献。最后，关于在教育中认真对待传统意味着什么，请参阅 Laverty 和 Hansen（2021）。

第二章　教学召唤与教学实践

　　在教育中，无数的问题都是以"是什么"或"如何"开始的。学生面临的问题是什么？什么方法能够解决这些问题？真正起作用的是什么？我们应该如何构建事物？我们应该如何进行？许多教育问题探讨是什么和如何变化是很自然的，因为教育多是直接以行动为导向。联想下你的任何一位老师，从学前班到大学，都在努力判定课堂和教学应该做什么以及怎样组织最佳。

　　诸如此类的问题并不会凭空出现。无论是问题本身，还是对问题的具体回答，都以回答"为什么"的基本问题为前提，虽然未必十分明确。为什么教书育人？为什么教这门课？为什么要用这种方式与学生互动，而不是其他方式？我为什么在这里？为什么我是老师？每一位敬业的教师都知道，对这些问题的回答关系到他们的努力是有益的还是错误的。每一位具有目标反思意识的教师都明白，除非他们提出类似这些问题，他们才不至于变为不加批判执行他人命令的官员。这些命令可能是站得住脚的，也可能不是。没有谁比教师自己更有资格来判定价值。没有谁对教师所教、课时的每一分钟和教学进程，以及在学生面前所说的和所做的实际事情负责，而这些全部都能有力影响学生的经历。

　　正如我们在第一章所看到的，教学召唤的特点之一是渴望在行为上有目的性,而不是单纯的功能性。被召唤去工作的人由衷想成为一名教师,而不仅仅是做或执行一项工作,那种别人处在这个岗位上都能轻易完成的工作(Sherman, 2013, 2020)。有一点可以肯定,教师的确需要履行社会职责。他们获得报酬后产出相关效益(无论与社会上其他种类就业相比,这些可能不公平,也可能公平)。对教学的召唤突出了三重挑战的平衡,一是植根于机构和系统的功能定位(functional duties);二是个人身上的职业承诺(vocational commitments);三是实践本身的教育义务(educational obligations)。

教师们并非没有办法实现这种平衡。他们是一种长期存在的、有目的的传统的继承者,这种传统在意义上为教学的召唤提供了物质的形式。换句话说,召唤是在实践中形成的,尽管它的灵感,正如我们在第一章中看到的,不同的教师有很大的不同。渴望做好工作的教师很快就会发现,为什么教学不是一个等待功能主义要求或意识形态偏好充蓄的"空电池"。这是一项伦理的事业,而不仅只是遵守一类伦理规范,尽管一门职业有相应的要求也很重要:像医生和护士一样,教师不可伤害他人。但是,上一章所介绍的教学的命令不能被简化为一些行为准则。教学在更深广的意义上是一项伦理事业。这与一种古老的伦理观念有关,它指的是一个人的气质——他们的本真性格或存在方式——以及一群人作出合目的性努力的气质,比如,教育,它既对人发起召唤,也对这个人成为自己起作用。

本章的核心目标是充实教学的伦理特征及其与教学召唤的关系。这部分努力将思考教学的真理,或者说是思考教学中的真理。这个真理不能仅从一组命题中还原或推导出来。它也不是从对教学的实证研究中产生的,似乎真理必然追随后者,而不是构成探究的基础。教学实践及其无数实践者,早在任何研究或计划干预之前就已经存在并处在进行中的状态。当然,现实中实证研究在教学技术、学习评估、课堂和学校组织方法及其他实际问题方面是有用的。这样的研究是为有效性服务的：如果你希望达到结果 B，就采取行动 A。有效的教学是好的教学的一个要素，且一定是一个重要要素，但是要理解好的教学，我们需要理解教学本身的悠久传统，以及它留给我们的实践和召唤的语言。善（goodness），就像真理一样，指向整体性事实，即教学实践内置美学、伦理、道德和智力等多维事实（Fenstermacher & Richardson, 2005）。

此外，我将试图表明，在教学中通往真理的道路贯穿着感觉和探究、分析、质疑，它一般又介于前后两方面之间。感觉不是情绪，尽管它可以由情绪激发，也可以引起情绪。感觉和情绪一样，是具体化的，就像工匠或艺术家对木头、黏土或刷子有"感觉"一样。感情作为教学的一个伦理方面，与学生、课程的关系协调相连，反过来又包含反应能力、意识、敏感和机智的品质。与此同时，教学中的真理轮廓既是知识的，也是伦理性的，与知识、技能、技巧和能力等有关。但是教学中的真理通过感觉显现，否则它根本不会出现。它直接显现，而不是通过反思和分析思维的媒介间接显现，尽管后者给了它可以交流的形式（艺术也发挥了这一功能）。

教学的召唤引出了教师对工作日益增长的感觉。学生也能体会到这种感觉，即使当时没有变成意识，也找不到语言来表达（参见我在前一章中对鲁茨基夫人的反思，其实也代表了无数人在生活中回顾老师们的想法）。当学生享有一个完全在场的教师陪伴，他们便会有此体验。我们可以说，这时的学生能够感受到老师对工作有感觉。威拉·凯瑟（Willa Cather, 1918/1994）的小说《我的安东尼娅》（*My Ántonia*）中的主人公，在听了老师对维吉尔史诗《埃涅阿斯纪》（*the Aeneid*）的动人想法后，发表了如下评论："我们安静地离开教室，意识到我们被一种崇高感的翅羽轻轻拂过。"（第 198 页）

她永远忘不了那种感觉,其实那就是意义充实的生活标志。

教师们不由自主地用自己的亲身经历来诠释生活的意义。这一事实为使教师成为公众人物提供了另一种视角,教师不仅通过教育儿童为公众服务,而且"向学生展示一种存在的方式"(Geerinck, 2011,第 5 页)。安格斯·布鲁克(Angus Brook, 2009)认为,教育体系各层次的教师都可以作为学习的范例,广义上有助于理解人类的形成,"作为一种存在方式……这样学生可以见贤思齐,并能看到学习工作是如何成为一种生活方式的"(第 52 页)。伊尔莎·格林克(Ilsa Geerinck)和布鲁克的观点超越了众所周知的教师榜样概念。教师并非为他人树立生活模板或样式。他们可能标新立异,激发学生认真对待不同意见,以及将个人感觉、好奇和探究精神融入生活(Warnick, 2008)。感觉,同样不能简化为情感。它不一定是自动自发的。它本身并没有引起人们的注意。它可以悄无声息深入稳定地渗透在教师的日常工作中,教师对学生即使只有间接影响,也比公开训诫和教训价值更大,尽管训诫和教学也相当重要。

出于回应这些具有挑衅性的主题,本章首先对本书的缘起——关于教学召唤的纵向研究进行评论。接下来,我将讨论"与"(being with)作为教学的伦理核心;在教学中,这一概念同感觉、真理紧密相连。探究包括协调和响应两部分概念工作,以及为什么教学最好不要界定为解决问题或反思允诺,尽管后两个要素都是工作的组成部分。在接下来的章节中,我将提出哲学、理论和智慧在教学中的地位问题,并描述为什么隐喻在教师的工作中处于中心地位。在本章中,我将参考教学方面的研究,包括定性和哲学的研究,还有受访教师的证词。

探究教学召唤的起源

我与教师的专业互动是我致力于教学作为一种召唤的主要缘起,它始于我进入高等教育的漫长旅程之前。多年来,我一直在名著基金会(Great Books Foundation)担任讲师,这是一家总部位于芝加哥的非营利组织,致力于提高阅读理解能力和文本解释艺术。我在美国各地与数十组教师合作,研究如何将解释性探究融入他们的课堂。我在明尼苏达州的小镇上主持研讨会,在那里,方圆几英里内的成年人都参加了(通常还带着孩子)。我教过的教师来源广泛,他们来自底特律市区、得克萨斯州农村、宾夕法尼亚州的工业城镇、亚特兰大郊区、南达科他州的城镇和纽约市的公立学校。每次研讨会结束后,我都对我遇到的教师印象深刻,他们非常关心学生,努力寻求丰富自身的知识和提升教学能力。我还遇到过很多准备不足、动力不足甚至有些沮丧的教师,从反面证实了教学实践的要求多么高,系统性支持多么重要,也包括扎实的自我提升机会难得。

20世纪90年代,我在伊利诺伊大学芝加哥分校担任了10年教育学院研究生中等教师教育项目主任,[1] 自那之后与教师打交道的经历进一步扩展。我曾与数百名在艺术、化学、英语、历史、数学和体育等领域寻求国家认证的候任教师合作过。我差不多结识了这座传说中的湖畔城市所有公立学校的老师,他们愿意开放教室门,让参加我们项目的候任教师进入观察及初步教学。同我原先的工作一样,这个机会仿佛住在一个奇妙的喷泉旁边:教师和准教师绵延不绝,他们对工作的态度同他们为人一样独特。许多人坚定地投身其中,对教师职业具有一种发端的或完全成熟的使命感。有些人只把教学看作一份工,在实践和哲学方面的投入极其有限。还有一些人陷落思绪中徘徊。

担任该项目的主任期间,一项重要活动是花时间观察候任教师们最初的试讲。我会安排在某一天旁听他们的一节或多节课,之后一对一评点教学情况。我还会把观察和笔记写成一份正式文件返给他们。在名著基金会的经历,我与那么多教师一起教研如何引导解释性讨论,是多么宝贵啊。不过,因为我现在与准教师合作,而不是与资深的实践者合作,风险更高,更有挑战性,某种程度上也更重要。

当我认真考虑"成为一名教师"这个想法或可能性时,我遇到许多引人深思甚至捉摸不定的问题。熟悉术语,但可能难以捕捉其中的真正张力。它们的意义像是具体设定一样,不断吸纳新的质疑、洞察和解释。看到一位年轻的候任教师在教室里冒险迈出教学的第一步,一切与教育、接受教育有关的事物好似在空中盘旋,这一情境非常感人。评点时,既要巧妙,还要精细,为此我要调动毕生所学——从哲学方面、基金会的工作经历到生活经验本身——公正地为候任教师提供反馈。我发现,就像无数的教师教育工作者一样,我们再熟悉不过的术语反馈本身就具有哲学上的吸引力,更不用说伦理、美学、认识论和政治上的复杂性。反馈:这个概念意味着,你所提供评论的人实际上是先"喂养"了你,现在你"回馈"给他。这段经历形成了我对教学和教师见证的看法,是我第四章中要描述的方向。

候任教师收到反馈的那一刻,拥有的是焦虑、兴奋、期待、脆弱、急切及更复杂情绪交织而成的心理感知。对于教师教育工作者来说,内心充满疑虑:此情此景,"与"候任教师在一起意味着什么?指出他们刚刚所做过的事情的依据或根源是什么?教师教育者是否将他们的反馈简化为一份技术上该做和不该做的清单?或者是否可以同时谈论教学的字面意思和内在深意?教师教育者能否在他们的评论中平衡功能和目的?换句话说,他们能否平衡职位期望与候任教师自身的希望、理想和动机？尊重并帮助培养正在出现的使命感的最佳方式是什么？我们将在探讨教学召唤对教师教育的影响时再考虑这些问题。

广泛接触这些教育者后，并行生发了一种哲学探索。它以两个问题的形式抛出：什么是教学？成为一名教师意味着什么？这两个问题中的根动词都引起了所谓实体和本体论思考。它们指向教学的辨别，和成为教师完整和真实的实在——换句话说，不仅仅是角色和人的具体、可见的特征，而是教学的完形，即事物本身，它之所"是"(is-ness)。动词唤起为什么完形或整个教学不仅仅是各部分的总和，这一点在第一章中已有涉及。

我不打算细究由"成为"(to be)这个动词所唤起的形而上学理解，哲学家、诗人和艺术家已经研究几千年了[2]。对我来说，核心问题中的"是"和"成为"构成了一种存在主义的提醒。他们将教师这一角色放在最前面、最中心的位置。人在角色中的中心地位，与作为伦理奋发的教学并置，是我所研究的核心。

我最初的研究工作，其中一项开始于我还是博士生的时候，另一项开始于我担任助理教授的时候，都是哲学探究和实地工作的融合。第一个项目主题是"学校的道德生活"，我担任菲利普·W·杰克逊(Philip W. Jackson)教授的研究助理(Jackson et al., 1993)，与教学的道德维度有关。"道德"概念是一个艺术术语，用以理解教师对儿童和青年产生深远和强大的整全影响的可能性。这个项目为期3年，我在芝加哥的几所学校进行了400多个小时的研究，见证了9名中学和中等教育教师在教室里的日常工作。我还和他们每个人交谈过无数次，大多数是在各自所在学校，有时和所有参与者每两周开一次的晚间会议，还有一系列正式的一对一采访，重点关注他们对自己工作的道德方面的认识。

我花了很多时间坐在教师教室的角落里思考,我慢慢地意识到什么可以被认为是教室里正在进行的道德生活(Hansen, 1989, 1992, 1993a, 1993b)。哲学家路德维希·维特根斯坦(Ludwig Wittgenstein, 1953)的一句话让我对真理有了更深刻理解,我经常回想起这句话:

> 事物中对我们最重要的方面因简单和熟悉总被隐藏起来。(一个人无法注意到一些东西——因为它总是在眼前。)这意味着:我们不会被那些看得见的最引人注目、最强有力的东西打动。(PI 129, p.50e)

我在学校见证的"最引人注目和最强有力的"是,日常课堂教学如何渗透着道德意图、意义、影响和挑战。此外,我还看到,所有这些似乎对儿童和青年成长具有更决定性影响,而不是直接的、通常分散的道德课程。道德课程在许多学校是重头戏,有些教育者似乎坚信,上道德课时是进行道德教育的正确地点和正当时间。然而,广义上的道德教育——人们如何看待和对待他人以及这个世界上的事物,包括课程——在学校和教室中是默默连续的。值得补充的是,我逐渐看到的另一个"引人注目和强有力"的方面是,课堂上持续不断的道德生活是如何深刻影响教师本人的。这种道德生活是教学成为一种伦理努力的实质性组成部分。再次强调,伦理是一个综合性的术语,它包括教师和班级整体的审美、道德和智力特质。

另一个研究项目是我在伊利诺伊大学芝加哥分校(University of Illinois at Chicago)担任助理教授时发起,与教学作为一种职业的想法有关。正如在第一章中所概述的那样,这种想法将教学描绘为两者的结合:一是提供有价值的公共服务(称为教育);二是持久的个人实现。在与"学校道德生活"项目的老师们互动的过程中,我被他们的教学生活所吸引:他们面临挑战却仍坚持实践的理由；[3] 他们对待学生时的认知和思考方式；他们如何与家长、同事及管理人员相处；他们如何平衡教学承诺、家庭和其他义务之间的关系。老师们谈到"他们存在的理由"时，我总能被那种敏感而微妙的方式所打动，也就是说，他们为什么如此热爱教学，如此热爱与年轻人在一起。在某个时候，我发现了召唤的语言（the language of a calling）最能体现他们作为教育者的激情。

重访激情与教学真理

这种激情与飘忽不定的情感无关，与歌剧和电影中常见的那种装腔作势的表演无关。相反，它作为教师与实践关系的一个组成部分，在教师中深入而经常是安静的。如第一章所述，激情包含了教师对工作意义的最深层的渴望，即作为人的爱欲。它体现了他们的快乐和痛苦，这是将教学带入生活的同一枚硬币的两面。激情也体现了我所说的他们深情的承诺。灵魂这个词的历史和人类的历史一样广泛，包罗万象。通常与已确立的宗教有关，这个术语也可以表示人及其创造的品质，这些品质根本无法通过其他概念来捕捉，一方面包括宗教的概念，另一方面包括自然和社会科学的概念。

著名教育家约翰·杜威（John Dewey）对社会科学和哲学的探究模式都有丰富的理解，他在描述教与学方面时使用了灵魂一词。他提到教师的"全灵魂"（whole-souled）行为（1985年，第181页），教学工作中的"灵魂行动"（soul-action）（1977年，第254页），以及教师是"灵魂生活的鼓舞者和导演"（第256页）。虽然他从没有明确说过，但据我所知，他的用法让人想起古希腊的精神教育学，字面意思是"灵魂的教育"。这一形态在柏拉图的对话录中随处可见，尤其是早期的作品，如亚西比德（Alcibiades）。一方面，苏格拉底在那里从事的是教育学：他向年轻人提问可以被描述为一种教学方法，尽管是间接的（例如，相比于给亚西比德演讲）。另一方面，他也演绎了一种精神教育学：即使不论具体的问题本身，他的一系列发问，激发年轻人的整个存在，或苏格拉底所描述的他的灵魂。亚西比德在我们眼前经历了自我理解的蜕变。这一进程预示着后来柏拉图著名的教育构想，即"灵魂转向"。[4]

杜威在写作时注意到灵魂这个词的宗教和神话色彩，进入读者视野时可能引发犹疑。他也敏锐地意识到科学主义——认为任何没有被科学实证的事物都是一种妄想或"仅仅是主观的"（它几乎涉及人类认为有意义的一切）——会指责谈论灵魂是一种迷惑，不过是感伤罢了。后一取向确实无益。多愁善感与对人、对生活际遇的深情相去甚远。但另一方面，神秘感又是关键所在：并非所有人类生活的核心问题都能被科学或哲学解释（说清楚）。比如，爱与智慧。这些经历或品质，几千年前的文学和艺术无穷无尽地描述和表现它们，但要解释它们，总是言不尽意。世人谈及爱和智慧概念时有说不完的话，便是因为它们的意义难以估量，且永远捉摸不定。人类需要这样的神秘；没有它们，生命将变得与机器无异。[5]

教学给教师的印象有时如谜一般不可思议，令人不安，这并不意味着混乱。相反，它标志着深刻的洞察力。科拉（Cora）是和我一起工作过的一位经验丰富的老师，任教八年级英语语言艺术，她曾经在小组视频会议上说："我教得越多，我就越不确定我的影响有什么。有很多事情根本无法解释。"约瑟夫·邓恩（Joseph Dunne, 1993）在研究不可预测的实践（如，教学）中人类判断的必要性时写道：

> 一个人不能预先确定自己言行的效果。功效是影响的一种形式；它不在于自己的行动，而在于他人的合作。事先无法预料这种合作的

性质和程度，事后也无法确定它究竟是什么。（第359页）

约翰·范图佐（John Fantuzzo, 2016）补充了教学的不确定性这一主题，他观察到"如何对特定学生开课——它是否以及如何激励、转变和唤醒他们——是教育实践的挑战、神秘和优雅"（第18页）。

神秘和优雅本身可能听起来很神秘，就像灵魂的概念一样。但杜威坚持认为灵魂的概念在我们理解什么是活在世上和在世界中活着时居于重要位置：

> 神话已经失去了它们曾经拥有的诗意。但是，灵魂这个词惯用的非教条用法保留了一种实在的意义。强调某个人有灵魂或有伟大的灵魂，并不是在说一种对所有人都同等适用的陈词滥调。它表达了一种信念，即有些男人或女人在显著程度上具有敏感、丰富和协调地处理生活任何状况的品质。因此，有一些艺术、音乐、诗歌、绘画和建筑作品有灵魂，而另一些是死的，机械的。（1988a，第223页，加注）

杜威的观点让人想起许多日常说法，如"他是一个深情的（soulful）舞者"；"这是一首深情的曲子"；"我妹妹真是个好人"；"我是一个有灵魂的人"［参考詹姆斯·布朗（James Brown）的著名歌曲］。如果讲话者深思熟虑，使用灵魂这个词时不是想当然，而是关于他们所看到和听到的，这些熟悉的短语就不再是美化过的语言饰品。它们在隐喻的（metaphorical）意义上理解，隐喻构成了一种关键的、不可或缺的表达人类状况真相的方式，包括教学（见第三章）。当我不由自主地、毫无私利地说我的妹妹是个"好人"时，我并不是在说一种主观的、感情用事的、深情赞许的观点。我所说的"好人"就像把她穿的蓝色鞋子描述成蓝色一样真实,尽管是另一种真实,毕竟"好人"的描述不仅仅是基于视觉能力。我对她的评价并不是基于对她绝对正确的断言,而是基于丰富的经验,包括听到关于她的许多事情,看到别人如何对待她,反之亦然。[6]

一个相似的说法是,教师的激情包含着深情的承诺,混杂着渴望、快乐和痛苦。[7]他们的总体经验中,一种独特的视角、洞察力和教学知识使工作及真理的感觉具体化。如前所述,这种感觉不能简化为情感,尽管情感是它的组成部分。这种感觉是那些受召唤而工作者的教学特征,是经由深思熟虑、自我省思的承诺塑造、规训(在一种赋能意义上)和教导形成的。教师应当求真,接受真理的影响再进入实践,然后引导让学生透过师长经验成为同样的人。

这里起作用的是一个活生生的(living)真理的概念:简言之,教师赖以生存的真理。此处真理不是命题式的,后者关联到可证伪性的选择。生活和工作的真理——教学的真理——不是由认识论决定的,而是由美学和伦理决定的。老师一见到学生脸上困惑、受伤或喜悦的表情,像有先见之明一样,会立刻做出反应。教师可以什么也不说,什么也不做,这本就是一种行为。但是,他们总是被学生的表情触动、吸引和强迫,直到采取行动:他们周旋于为求真而工作的感觉中。正如莎莉·戈德堡(Shari Goldberg, 2013)所观察到的:"眩晕慌乱中遇见真理像极了乘坐拙劣交通工具抵达目的地。"(第12页)

换句话说,所有形式的真理都不能简化为一个问题的答案。它存在于一种行为方式中,存在于一个人如何经营生活的各个方面。一个人没有看见或领悟到教学真理,与其说是无知意义上的过失或错误,不如说这个人在教学方面缺乏经验,或者缺乏进行充分判断的清晰立场,或者当下被困在教条成规中。

　　这个人也可能被方法至上或与技术有关的神奇力量所吸引。我们这个时代,许多被称为教育的东西似乎都痴迷于技术,以至于教学本真被遗落在阴影最深处。一种基于特定理由(或虚拟)的方法似乎总是会被第二种替代,第二种又很快被第三种取代。从课堂教学技术的实际需要来看,这种匆忙的代替是可以理解的。此进路最不坏的情况是,专注于获得新技术以创造性回应教学中所面临的挑战。然而,methodos 在希腊文中最初指一条道路,一种追随,一种追求。光靠技术无法达成追求的目的。片面关注构思狭隘的方法是对工作的扭曲。它使教育者穷乏不能如此"思索教育"(think education),它既是有目的的承诺,也是培养与学生同在的协调、机智、反应能力及其他核心素养。在技术的海洋里,教育有时几乎被遗忘(Biesta, 2007)。[8]

　　忙于实践的教师知道真理与方法之间存在区别(Gadamer, 1996; Michelle Ward,个人交流,2014 年 11 月 17 日)。先让教师上一堂课,再让他们检查下"教"是否有充分的理由关联着学生的"学"——换句话说,让他们找出它的真理——他们至多能想出很多合理的方法。只给他们提供方法,却无从获知真理,错误的教育将装扮成教育产生实效。正如杜威(Dewey, 1977)等人所强调的那样,对于一个刚开始实践的人来说,最初几年至关重要,要学会辩证依靠方法与技术,慢慢懂得方法是为教学中的真理服务的,而不是为服务教学本身。

　　当这些对真理的思考与教师的感情、激情相结合时,我们能从中学到什么呢?相比之下,斯维特拉娜·阿列克谢耶维奇(Svetlana Alexievich, 2017)在她对二战期间俄罗斯妇女经历的研究中,提到过光学中一个叫作"聚光力"(light-gathering power)的概念,她将其描述为"镜头修复捕获图像的能力大小"。她认为,在重要的方面,"就感情的力量和痛苦而言,女性对战争的记忆是最'聚光'的"(第22—23页)。她指的不是任何特定个人的证词,那将永远是片面和独特的,而是她作为证人听到的集体证词。

阿列克谢耶维奇的洞察为本书描述教学提供了源泉。教师们关于这项工作的证词本身就很有说服力。可以肯定的是,他们对自己工作的观点,以及他们表达这些观点的习语,并非绝对正确,也不一定不言自明。然而,教师在教学中传授真理的方式是其他工具、机制或艺术无法做到的。后者可能会具有启发性;回过头看看温斯洛·荷马(Winslow Homer)关于教师工作的画作便可知。我希望展示出见证这一理念的价值,但只是作为教师证词的补充,而不是替代。见证人渴望详述,而不是"改进"。

教学即"同在"

教学的目的不是制造或操纵经验,更不是设计人性本身。约翰·奥尔森(John Olson, 1997)将后者描述为"认知管理"(第502页),这也可能意味着灌输。事实上,教师不能强迫学生学习,也不能控制人的发展,这标志着他们的效能有限,政策制定者对此可能会抱怨,但实际上这是实践一个可取之处。[9] 教学不是灌输,也不是训练的同义词(Dewey, 1985,第17、34页; Scales et al, 2018)。这项工作不能归结为单纯的力学问题,并非只要各就各位,就能自动生发。教学也不是服务"客户"的商业或临床事业,并非课堂外部人士确定流程且随时可互换工作人员执行的事情。正如第一章所论述的那样,没有人能够完成他人的召唤,因为每个人都有独特的构成。相似的是,教师角色中的人是不可互换或可替代的,尽管制度经常这样对待他们。每个被请来帮生病同事代课的老师都会立刻发现这个道理。他们在另一位老师的课堂里并不自在，因为他们与那个"家"毫无关系。他们可以负责任地实施一堂课，但他们缺乏常规课堂教师所具备的深厚联系，不知道如何全面地吸引学生。

　　工程是一项非常值得尊敬的事业，它产生了无数有用的产品、工具、基础设施等等。但其面向世界的定位与教学实践不相适应。首先，工程师主要关注的是事物，而不是人。另一方面，学生不是一堆需要"解决"的问题。教师的办公室既不是工程师的办公室，也不是医生或律师的办公室，工程师、医生和律师与人的接触，通常仅限于人作为客户的身份，具有特定的需求、问题或担忧（Donnelly，1999，第943—944页）。换句话说，虽然医生和律师需要有道德，而且（人们希望）善良和敏感，但他们的基本职责并不是以与教学相关的广泛方式与他人相处，即使这条规则也有例外（例如，医生与一个跨越几代人的家庭合作）。教师不是为学生提供服务，而是帮助学生为自己服务。他们把日常工作的重点放在学生为目标的努力程度和质量上，而不是直接专注于学习，就好像学生自己神奇地让学习发生了一样。教师认识到，教育最终必须由学生自己实现：没有人能给他们提供教育，也没有人能为他们设计教育。

　　教学的目的是为教育经验创造条件。这项任务需要对学校或教室的环境进行大量持续的工作。引用杜威（Dewey，1985，Hansen，2001a，第4、5章深入讨论）的一个有充分根据的著名论点，不存在教师对学生的直接影响（反之亦然），就好像可以进入彼此的思想和心灵并重新排列内部线路一样。教育的影响是通过环境的媒介产生的。杜威赋予了这一概念广阔的意义。它包括教师和学生使用的材料，以及他们如何使用这些材料；他们说的话和没有说的话，人们还能从空气中感觉到；他们所做的事情和没有做的事情，参与者有时能粗略地感觉到；以及他们做出的无数手势，无论是自觉的还是不自觉的，也都能被别人看见。这些动态因素构成了杜威意义上的环境。对于一个敬业的教师及其学生来说，教室和学校不仅仅是一面墙、走廊、门、门厅、油毡地板等。墙壁是可以渗透的。它们可以变成环绕林间空地的树墙。这样的墙不会把人锁在里面或外面，而是清楚地呈现出人们处于一个有光和潜在运动的开放空间。打个比方，教室可以像一块空地。它能让你产生一种心照不宣的感觉，仿佛头顶上是一片天空。正如卡勒·纽维佳（Kiera Nieuwejaar，个人交流，2020年12月1日）所指出的，教师和学生可以感觉到他们的教室是世界的一部分，而非遗世独立的孤岛。

一旦教师与学生面对面，实践的伦理特征就会显现出来。教师会发现为什么教学主要不是解决问题的事情，尽管这是不可或缺的。用另一种颇能令人惊讶的方式来说，教师必须意识到教学从根本上不是一种反思实践，尽管反思是这项事业的一个重要组成部分。[10] 教学意味着以一种充满关心、投入和耐心的态度与学生和任教的特定学科在一起，此处充满了思虑、情感、好奇、怀疑、质疑、等待……这里有丰富的美学、道德和认知词汇，包括与学生的思想、情感有关的术语；接受他们的言行暗示；善于倾听和交谈；回应他们的担忧、惆怅和不确定性。这些行动术语直接涉及师生关系和学科内容。即使教师没有公开地说或做什么，而只是简单地等待时，这一真理也适用。等待可以是非常积极的，也可以产生洞察力。在任何层次的教育中，一些最重要、最有影响力的教学恰恰发生在教师等待、拖延、压制自己的声音和行动的时候。教师有意识不做什么，帮助学生打开一个空间去思考、感受、回应所面临的问题。许多评论家和实践者将教学称为艺术的一个原因是，要学会感受当下，学会何时该说话，何时该倾听。任何蓝图、算法或公式，都不能替代老师的反应。

像协调、机智等术语是伦理的，标志着教师的人类存在（human

presence),如前所述,他们的人在学生的持续生活和教育中。[11]"生活"和"教育"是相通的。哪一个都不仅仅是为另一个作准备。教学的核心是基于这种存在意义上与学生同在。这些术语让人想起问题中的活动词,教学是什么?当一名教师意味着什么?教师作为教师的存在是通过和他人一起确立的。

此外,重构杜威(Dewey, 1988a)的术语,同在根植于原级经验。后者是前分析和预知的,在一个人清醒的全部时间里都起作用。原级经验的特点是一个人在世界上活动时对周围环境的敏感程度。对于教师来说,这样的经验可以引导他们走向学生,不是以字面上的身体方式(尽管这可以是一个特征),而是深情地与学生、学科一次次互动。相比之下,反思是次要的,或者是二级经验,总是发生在事实之后,即使只差一毫秒。无论有意或无意,它总是被原级经验告知。因为它不可能取代后者的位置。正如杜威所说,即使在反思事件的过程中,我同时也有一种原级经验,这种经验是由我对自身所处环境中我的思想的预知的、前分析的、情感的反应构成。这些反应带进随后的二次体验中:"不,我不喜欢我思考这个问题的方式";"哦!我在课堂上也有这种感觉!""嗯,是的,这样做很好";"我能做对吗?"在最巧妙的练习形式中,主次相辅相成,有节奏地丰富彼此。

反思可以发生在课堂上,例如老师要求每个人退后并思考——也就是说,反思——正在发生的事情或以前发生过的事情。然而,大多数反思发生在教学前后。例如,如前所述,它涉及对课堂环境的深思熟虑。它包括制定课程计划和预测特定的活动。可以肯定的是,在教学的实际时刻有思考。但它有一个不同于反思的特征。当我听学生或同伴回答问题时,我不会去思考他们在说什么。我在听,或者试图听(如果我试图当场思考,我根本听不进去)。在我的听力中,思考总是以一种没有计划的、通常是意想不到的方式出现：它是对正在发生的事情做出反应。我在听的时候思考，而不是代替或分散听的注意力。对所讲的事情和学科教学作出的各种联想，像一帧帧画面在我的意识中掠过。这些语言图像可能由一个个字面上跃入脑海的单词或短语组成。如果有必要的话，我可以把其中的一个或几个标记出来再回头看。这些图像可能与某位学生的言论、表情或手势有关，这是我听力思考的一部分。

由此看来，我作为教师的思维并不是"掌握经验，而是经验的产物"（Gilbert，1991，第11页）。我的思考不是自主、独立、自我约束的过程，有时与之相关。我不仅让课堂影响了我的思维；我以密切协调的精神介入思考这个问题。事实上，在我踏进教室的大门之前，这种让步就已经发生了。因为我的使命感，这个世界已经抓住了我，它会引导我的思维。我的思想不会无根、无锚、无中心。我将能够像教师一样思考。

再说一次，在教学时刻，我没有反思。我正试着尽可能地协调和响应。正如一句美妙的格言所说，我"洗耳恭听"，同时"全神贯注"，因为我对手势、面部表情等保持尽可能的敏感。我看了看房间。把我的思考称为留心或注意也许更合适。我在照顾学生。这种想法，这种思考，这种注意，不在我的头脑中。它是可见的，所有人都能看到。只有最熟练的演员才能假装真正关心别人。当我们看到它，特别是当我们是它的接受者时，我们就知道它（儿童和青少年在这方面可能非常敏感）。这种想法或注意也可以被描述为感觉——字面上说，感觉别人的言语、行为和手势——在我听的时候感觉图像的流动——感觉学生的声音音调，感觉房间空气中的氛围。笛卡尔的著名论断经历了一次蜕变。不是"我思故我在"，而是"我感故我思"。教学之思正在被调谐。

这种思考是非计算性和工具性的。这不是一种工程思维。这是一种与人相处的心态,由一种与之相处并尽可能保持这种态度的感觉所引导。经验丰富的教师和新手教师都能很快意识到什么时候感觉不存在了,什么时候他们"脱离了联系",回想一下熟悉的(完美的)说法。他们并不是真实存在的,他们不忠于实践。他们感觉到了差距,失去了联系,令人不安但准确的暗示,事情不正确,还没有。看看史密斯女士的证词,她是一位经验丰富的中学教师,我在这本书的姊妹篇中描述过她的使命感:

> 我对课堂是同步还是不同步有一种感觉,这以特殊的方式表现出来。当孩子们基本上在一起工作时,我能感觉到;当我没有他们时,当我们不是一个"法人团体",不是一个完整群体时,我能感觉到。有很多线索提醒我,我并没有和他们在一起。有一种声音听起来不像我的声音,它会在我紧张的时候出现,我不再诚实了。我在这种情况下不舒服。我在反击,我在和自己抗争。突然间,我听到了那个声音,我知道我必须改变这个活动,我不同步了。(Hansen,1995,第111页)

当事情"不同步"时,新手可能会不知所措,或者他们可能很幸运地说了或做了正确的事情来恢复教学的节奏。他们可能会想出有效战术,可能根植于策略和技巧,并学到宝贵的经验教训。或者,他们可能会感到内心受到震颤,对于任何认真对待这项工作的教师来说,这种令人恐惧的事情似乎不时发生。至少在大多数情况下,像史密斯这样有经验的人不会那么不知所措,因为她认识到一个可能来之不易的事实:人的交流是不可预测的、微妙的,而且容易受到无数情境因素的影响。

如果教师在与学生讨论时已经有了一个固定的答案,那么老师当时的思维就会被预先引导。他们不会以开放式的方式倾听。他们会听一些东西,而不是和他们的学生一起听。这一区别性观点在很多情况下都是合适的,无论是在幼儿园还是在博士研讨会上,例如,当教师想要确定学生们已经掌握了一个观点或一种想法。但是,如果背诵是课堂上发生的一切——提出预先设定好答案的问题——这就提出了一个问题,即我们是在教育人们,还是仅仅是在让他们社会化。和学生同在很大一部分是要让自己以教育的姿态担当教师。教育就是要在学生与学科、学生与学生之间、学生与教师之间的互动中,做到协调、接受、机智、响应。

之后,当我独自一人的时候,我可能会回想课堂上发生的事情(实际上,如果我想第二天教得好,我就应该这样做)。坐在办公室里,乘公共汽车回家,站在厨房里,我的视线会以一种大家都熟悉的方式向内转。也就是说,我不会关注我周围的物质事物;当我向内看时,它们就从意识中消失了。我看到并倾听我的想法,同时也解释它,因为我会回放各种课堂场景,也思考我可能说什么或做什么会有不同,或者我接下来可能要做什么。如果我有幸接触到哲学,也许是作为一个好的教师教育项目的一部分,我可以学会把这些反思,同有关教学目标和方法等更基本的哲学问题联系起来。我可以把这些阶段转换成各种场合来评估我目前的假设,包括对个人和社会的假设,因为和每个人一样,我在道德和认知方面也有盲点。教师(就像所有人一样)不能在没有假设的情况下思考或行动,正如是伽达默尔(Gadamer,1996)所说对世界的预先判断或偏见(稍后会详细讨论这一点)。但是,像其他人一样,教师并没有被这些预设所束缚。通过反思,通过投入工作,他们可以发现假设,这一过程使教师能够识别他们现在看到的——在认识论上和/或道德上是错误的,并为他们所做的事情培植更健全的理论基础。

为"同在"服务的质疑与反思

作为一名教师,反思可以支持我随后的课堂工作,因为它可以引导我,回想埃米特(Emmet, 1958)对一种使命召唤的描述,冒险采取新的步骤和活动。[12] 我在反思中与自己进行的内心对话,对我明天在课堂上要做什么,甚至可能对我整个教师生涯的工作,都有决定性的影响。正如斯蒂芬·穆霍(Stephen Mulhall, 2007)所言,评论哲学家马丁·海德格尔(Martin Heidegger)关于作为一个人存在或存在意义的启发性观点时,一个人的"现实"和"潜力"(或"可能性")通常并不一致。除了特殊情况,一个人总有空间以无数种方式和轨迹成长,这取决于动机、目标、资源等等。穆霍(Stephen Mulhall, 2007)写道:

> 两种观点,任人选择,一个人的存在方式取决于一个人处理这两种观点的方式。要么一个人所达到状态使未达到但可达到的状态黯然失色,要么一个人可达到状态为他已达到状态提供一个潜在的批判性视角;在前一种情况下,没有任何真正的内在对话的空间,但在后一种情况下,自我可以真正地与自己对话,因为它是从自身之外说话的。正如海德格尔所表达的那样:"召唤来自(from)我,但又来自我之外(from beyond me)。"(第 56—57 页)

来自和来自超越:这个明显的悖论指向了"现实的自我"和"可能的自我",它包含了一个人现在是教师和可能成为教师。这种现实与潜能的非自我重合,可以作为教师反思工作时内在对话的基础。反过来,在课堂上思考和行动的相互作用,以及之前和之后的反思,带来了教学生活的召唤。我们再次看到,以重新配置的形式,相互依存的、动态化的人和实践构成了召唤。

本章开头提到的"为什么"问题也回到了这个场景。它们证明了为什么这么多不同的思想家和艺术家鼓励人们,包括教师,不要不加批判地停留在答案上。诗人里尔克(Rainer Maria Rilke, 1986)在他写给一位年轻诗人的著名信件中,敦促年轻人不要急于求成,而是要学会"生活"且"钟爱"他有关生活的疑窦,直到能够用有意义的形式回应这些问题为止(第34页)。里尔克提醒我们,生活本身,就像教育一样,不是一个工程及其计算理性的问题,尽管生活可以简化为工程学。作家兼社会评论家詹姆斯·鲍德温(James Baldwin)在他的作品中,展示了为什么"艺术的目的是揭示隐藏在答案背后的问题"。小说家费奥多尔·陀思妥耶夫斯基(Fyodor Dostoevsky)断言:"我们有所有答案。这是我们不知道的问题。"(Felman & Laub, 1992,第xiii页)在柏拉图著名的对话录中,我们看到苏格拉底在重要问题上提问他人和自己,以此作为一种生活方式。他努力激励同胞们保持开放思想,接受思考,远离封闭。

在这一章和下一章中我所提出的问题有重复,与这些思想家的洞察力是一致的。这并不是对教学的方方面面都有过分的质疑。矛盾的是,以这种方式质疑每一件事会削弱真正感受问题的吸引力和意义。相反,在与学生面对面的工作中,有一些隐含的问题和回答的节奏,在反思时,又有一些公开的问题和回答。心存疑虑的学生脸上流露出一个不言而喻的问题:他们的脸实际上是在问:"你愿意见我并做出回应吗?"公开的、有意识的问题存在于教师内心反思的对话中:"明天继续今天的精彩主题的最佳方式是什么?"

这些评论指出,为什么掌握教学的技艺性能力本身不会使一个人成为一名教师,正如学习批判性思维的技术性能力不会使一个人成为批判性思考者。决定性的标准是把握什么是值得思考的,以及为什么和什么时候值得思考。换句话说,对问题的时机和意义要有批判性意识。同样对教师而言,关键是判断何时以及如何使用一种或另一种方法或资源。这无法"依样画葫芦"。从这个角度来看,提问的能力可以帮助任何渴望对学生产生积极影响的教师。

然而,值得强调的是,这样的质疑是为了服务同在,正如我在这里提出的,它构成了教学的伦理核心。世界上所有的质疑、反思和理论都不能取代学生、学科和教师互动时呈现的协调、接受和回应。自以为是的人可能会错过目标,错过人类的目标。我将在下一章直接提出这一主张。

注释

1. 在我目前的职位上,我仍然有幸与教师和教师候选人合作,在哲学和教育的核心课程中与他们互动。

2. 许多教育哲学领域的同事在不同教学领域承担了这项任务。这些研究有助于阐明我很快就开始的"同在"的想法。例如,见 Bonnett, 2009; Donnelly, 1999; Duarte, 2012; Game 和 Metcalfe, 2008; Metcalfe 和 Game, 2007, 2008; Riley, 2011; Saevi, 2011; Thomson, 2001。

3. 这些挑战是一半公立学校新教师在进入该领域后 5 年内离职的原因之一(Ingersoll 等人,2018)。

4. 小说、诗歌、戏剧、自传和其他领域一次又一次地以心理为特色,即使没有这样命名,在这些领域中,一个有影响力的人会全面改变另一个人的生活。还可以考虑成长小说的悠久传统,这是德语中对小说的一个术语,讲述了个人在经历沧桑中的整全(或灵魂)塑造。

5. Marilynne Robinson 在她的小说 *Gilead* (2004)中将这一真理发挥到了极致:"爱

情中没有公正,没有比例,也不需要,因为在任何情况下,它不过是在不可理喻的实际面前的一次留神、一句好话。"[爱]根本没有意义,因为它是永恒对暂时的突破。所以,如何能让它从属于某个原因或结果呢?(第238页)。

6. 也可以想想 Svetlana Alexievich(2017)是如何介绍她的访谈研究 *The Unwomanly Face of War* 的:"我写的不是战争,而是战争中的人类。我写的是感情史,而不是战争史。我是一个有灵魂的历史学家。一方面,我审视特定的人,他们生活在特定时空,参与特定事件,另一方面我必须辨别他们身上永恒的人性、永恒的震颤,那是无论何时都存在于人类之中的东西。"(第 xxi 页)对 Alexievich 来说,灵魂构成了一个容器或持有者("握在手中"),容纳了跨越空间和时间的人类各个方面或品质,其中包括希望、痛苦、渴望、记忆和遗忘。

7. 关于教学中灵魂的哲学和叙事描述,参考了杜威的看法,见 Roosevelt 和 Garrison(2018)。

8. 关于教学方法和目的如何动态融合的深刻洞见,请参见 Latta 等人(2020)。

9. 当代教育政策努力将教学固有的不确定性转化为确定性和可预测性,以牺牲教学可能性为代价来追求其目标。教学需要学生和教师对自发的想法、问题、关注和纯粹的惊奇做出动态反应。优先考虑外部控制的规划不支持这种想法。

10. 关于反思,或者有时被称为反思性思维和教学的文献十分丰富,其出发点来自 Dewey(1989b)和 Donald Schon(1983)等。还有其他来源,如对研究教学中的思维有启发的文献像 Boostrom(2005);Korthagen 等人(2012)和 Schrag(2018)。

11. 关于教师"在场"概念的深入研究,请参见卡罗尔·罗杰斯(Carol Rodgers,2020)的综合描述;也可以参见她与 Miriam Raider-Roth(2006)的早期文章。

12. 关于老师作为一个受过哲学教育的"冒险家"或"旅行者"的描述,见 Cammarano(2012)。

第三章 教学中的哲学、理论和智慧

哲学和理论之间有什么区别？为什么这些差异会对教师和教学的理解产生影响？我将在下文中提出哲学——或"爱智慧"（来自希腊哲学）——与上一章所阐述的"同在"（being with）的伦理取向携手并进。我还将强调为什么诗意的和隐喻的语言在描述这种取向时是不可缺少的。在对教学的影响方面，这样的语言并不会与哲学相冲突，反而使哲学更有活力从而对教师更有帮助。在本章的最后部分，我转而描述了一个我主持的基于哲学和实地的研究项目，它将为本书后半部分的内容奠定基础。

教师与理论的关系

如果将教师视作社会工程师或临床医生是对教师工作的曲解，那么认为教师是在与学生面对面的工作中运用教学理论也同样是一种误导。我对理论的理解是基于当代意义的，它从各种细节的流动中脱离出来以推导出一个解释的框架。理论作为一种拉开距离的模式，有利于获得对教学的认识，包括教学的条件和它在社会中的复杂地位。它可以帮助教师深入了解学习、课程、思维、课堂对话和学习者从他们的社区带到课堂的东西等。所有这些背景都是好的。然而，如果让理论更接近课堂生活的场景，或者在行动中"具体化",理论会使教育者受到遮蔽(blind)。他们可能看到的是类别,而不是人。他们可能会看到理论让他们看到的东西,而不是他们面前五彩缤纷的现实。"一个优秀的教师就是一个优秀的教师,不管她受到什么教育理论的影响。"(Heller,2020,第135页)这句调侃丝毫没有反驳的意思。相反,它证明了理论取代而非提供信息或支持精心协调感知和教学敏感性的危险。理论在帮助教师培养对工作的适应性和丰富体验方面价值有限,相较于与人类同胞的启蒙经验和艺术、人文作品而言尤其如此。

就像对特定课堂时刻进行具体反思一样,理论在事前和事后都是有用的。但是,没有一个教师在协调、机动和与现场互动时是在制定某一种理论,包括所谓的(具有误导性)隐性的或民间理论。他们可能会披露他们具身的(embodied)或所谓的隐性知识(Polanyi, 1996),但人类互动这一普遍存在的特征并不能被还原为理论。考虑城市居民熟悉的一段经历。我正走在林荫路上。我遇到了一个向我问路的陌生人。在回应中,我并没有制定一个理论。我回应,或没有回应,因为情况可能是这样。后来,我可能会想知道大城市街道上的礼仪。我甚至可能参考社会理论著作(例如,欧文·戈夫曼对日常接触的经典研究)。但是,在街上的那一刻,没有理论在起作用——在教学生活进行时也是如此。例外的情况是,如果我理解到希腊语中"theoria"一词,是从理论(theory)这个词衍生出来,它的一个原始含义似乎已经消失很久了,即表示谨慎的、道德上敏感的观察,一个人将其文化与自我理解并置,以便接受不同的东西(Rocha, 2020,第33—84页)。这种先天的意义与今天这个词所隐含的客观化、临床化的距离形成了对比(当然,它亦有宝贵用途)。

正如我没有在街上面对面的时刻运用一个理论一样,我也没有运用我的信念(Garcia & Lewis, 2014)。事后,有人可能会问我,为什么要停止我正在做的事情来帮助这个陌生人。我可能会回答说,"我相信对这样的人热情友好是很重要的,因为我自己也曾在其他地方迷过路"。或者我可能会说,"这样做是正确的"。如果问我为什么这么说,我可能会回答,"我相信帮助有需要的人是正确的"。然而,与理论的情况一样,信念也是如此:在街上的实际情况是,我要么回应,要么不回应。我不会先咨询我的信念。在那一刻,我的头脑、思想、心灵、精神中没有任何内在的东西被应用于一个所谓的外部世界。世界、迷失的人和我都在那里,而我的反应是这种动态的、整体的相遇的一个组成部分。

针对陌生人,何以获知这种自发反应是欢迎而不是排斥?正如我们在教学方面所看到的,它与审视一个人的偏见或预判有关,正如它与把自己培养成一个能够适应和回应的人有关一样(见下文和第六章关于哲学作为"生活的艺术"在这种自我养成中是多么宝贵)。作为一名教师,要在智力和道德上欢迎学生的到来。因此,作为一名教师,我有必要学会三思而后行,记得不时地审视自己对学生的定位以及他们给我们带来的一切。从道德的角度来看,回到前面街道的例子,仅仅回想我与陌生人的相遇是不够的。我需要问的是,我的回应是否揭示了有问题的偏见或意图——可能甚至是在使用陌生人这个词的时候。可以肯定的是,并不是所有的偏见或偏执都是消极意义上的歧视。正如前一章所指出的,偏见或预判是一个人与他人进行任何互动的基础。但是,尽管这种偏见是必要的起点,但它们不一定是终点。对经验的哲学审视、与他人的真诚对话、精心挑选的理论分析和艺术作品(例如小说、戏剧和电影),这些都是在我的典型行为模式之外并评估其理由的方式。

我在一本标题为《教师与世界:教育的世界主义研究》(Hansen, *The Teacher and the World: A Study of Cosmopolitanism as Education,*

2011)的书中,试图阐释一种有利于自我和社会批判的取向——对教师和其他人都一样。我理解的世界主义是指一种对待生活的教育方法,其特点是对当地传承和承诺的反思性忠诚,融合了对新的人们、思想、价值观和实践的反思性开放。"反思性"是一个关键的限定词。没有它,忠诚就会变得教条主义,开放就会变得空洞或是空想。在这个意义上,世界主义并不是一种新的文化观或价值观。相反它是一个艺术术语,突出了人们如何持有和实现他们的文化、道德、宗教、审美和其他的价值。教条主义地这样做是有可能的(经常是出于恐惧),更不用说敌对地这样做了。但是,以开放、充满希望和和平的精神反思性地制定同样的价值观是有可能的。例如,当今世界宗教的一些成员非常不容忍外来者,而其他成员则采取普遍的、同情的态度。他们阅读同样的圣书并赞美同样的宗教戒律,但他们的生活方式却大相径庭。在其他事物中,我们可以将人类历史视为一出不断转变构思、持有和表达价值观的方式永无止境的戏剧(Locke, 1944/1989)。世界主义构成了一种关于如何以理想的、人道的和慷慨的方式跨文化、文化间和文化内部的取向。[1]

然而,这样的观点采择和自我批评再次发生在事情的内在事实之前和之后。我必须满足个人的真实感,而不是反思我是如何做到这一点的,正如我们所看到的,这将意味着我在做一切事情,但没有充分参与。这种伦理围绕着一种信仰:虽然我可能不理解另一个人或群体(community),至少在一开始,我可以学会立即认识到他们的人性和他们的"存在的权利",这正是任何可能理解的基础。且尽管随着时间的推移,反思可以帮助我越来越好地认识我所遇到的每个人的完整人类现实,但这种反思不能取代实际行动。伦理在互动中开始,召唤我做出回应。这不是一个运用道德概念或观点的问题(Todd, 2003)。在一天结束的时候,在突出与人相处和反思的重要性方面,没有非此即彼的问题。但反思通常是由挑战、干扰、中断和被抛出的感觉引发的,无论这种经验的范围可能有多小(Donnelly, 1999; Kerdeman, 2003)。它揭示了为什么教学主要不是一种反思性或解决问题的努力。这是十分次要的。如前所述,教学理想是主要和次要一起有节奏地融合。

试图站在与学生的直接接触之外,以一种批判而非接受的精神,可能会产生与试图直接运用理论相同的效果:它可能会使教师对课堂上每时每刻的现实生活视而不见。这个事实解释了为什么我关注诸如"协调"(attunement)、"回应"(responsiveness)、"感觉"(feeling)和"同在"(being with)等概念。作为一名教师,这些基本方面与许多理想和目的相一致,也与前面提到的呼吁人们进行实践的许多不同动机相一致。不仅如此,在课堂上产生真正的教育经验,可以赋予学生权利——这是一个重要的动词——他们通过无数途径继续为其他人的福祉作出贡献,同时甚至陶冶自己。但是,如果一位教师把理想、动机和理论,看得比密切协调所教学科与学生难以理解、不可还原的现实更重要,那么可能是时候考虑其他表达方式了,或者至少要重新审视自己与教学的关系。[2]

多年来,与我交往过的敬业的教师们很能理解,概括地说,无论哪里,无论何时,没有人仅仅是文化、社会或生物制造者的一个行走交叉点。换句话说,他们明白,没有人能被简化为这些类别的影响。了解一个学生的背景,对于教师在判断学生的学习意愿、他们所拥有的知识等类似情况是十分宝贵的。但是,按学生的背景决定他们的未来,则是完全不公平的。独特性(singularity)是每个人的核心伦理品质,且这种品质是教师的基本关注点。鉴于每个人无论在这个地球上逗留多少年都有不可描述的特征,因此我们可以称之为"饱和"的独特性。

这并不意味着教学是一项个人主义的事业,尽管正如我们所看到的,扮演这一角色的个人是决定性的,不管教学是教育性的或误导性的(或无意义的)。个体性和独特性是重叠的,但不是同义词。世界上无数的文化都没有以所谓的个人主义为特征,这可以理解为一种意识形态的假设,即一个人是一个自我约束的实体,关注自己的利益,追求自己的喜好。许多文化——包括像美国这样以个人主义为特征的多元化社会中的文化——认为人不是一个"社会原子",反而是本质上与他人紧密相连,受群体影响的同时会反过来影响群体。但这些文化也承认个人的独特性:每个人不仅有独特的性格,而且有独特的思想、想象力、感觉和记忆,反映了人类的个人史。³

这篇有关教师和理论关系的附带讨论,部分是为了说明为什么教师可以为他们长期存在的、富有传统的实践感到自豪,以及为什么他们可以保护它的伦理中心。我的意思不是指政治上的怀旧或保守意义,而是指从环境意义上保护赋予教师和教学生命力的东西。在伦理中心的基础上,教师可以通过培养他们对于世界的认识(体现在多学科课程中),拓展和深化他们的思维(包括支持学生发展阅读、写作、听力和口语能力),和丰富他们的道德倾向(尊重、耐心、关怀、关心他人和世界)(Sockett, 2012),不断从事创造性工作帮助学生——以及他们自己——增强个体和普遍的善。

这些熟悉的教育目标通过教学召唤的视角有了新的意义。教育目标的制定一部分是因为作为一名教师对实践负责任的意识,这可能需要数年才能形成。当我在学生面前时,无论我选择与否,我都是实践的代言人。我可以通过工作的厚积薄发,学习成为最好的自己,这可能是一个比我旨在生命的某一阶段认为的更好的自己。作为一名教师,我可以将一种神奇的感觉和一种关切的感觉融合在一起,前者会产生对现有事物的关心——始终是我的学生和我所教的学科——后者会产生对应有事物的关心——始终是为我的学校或群体中的每个人提供尽可能好的教育。

教育中的哲学与智慧

与其说应用一种教学理论,不如说教师正在参与一种存在已久、意义重大的人类实践,而我们把这种实践称为教学。正如在第一章中提到的,教学之名来源于古英语术语"taecan",意思是显示、照亮和引导。从隐喻上说,当教师们走进教室的门,他们就会遇到他们现在所进入的这种实践的条款,并以一种非常独特的、充满希望的互动方式与它们进行清算。正如众所周知的有些人一样,如果他们不这样做,他们可能很快就会离开教师队伍。做好教学工作是一项复杂、精细且不可预测的努力,有时就像在海上建造一艘船:材料、工具和其他资源都是可用的,但现实是不断变化的,而教师可能不得不在许多事情上摇摆不定。要对这一现实作出反应,最需要教师的敏感性和判断力,而非教师脱离师生生活交往的教科书教学方法和学术知识的储备量。

教学实践本身并不是与理论齐头并进,倒是与哲学的两个经典流派并驾齐驱。哲学作为概念性探究,与我们所掌握的最早以反思教学为特色的文本一样古老,例如孔子的《论语》(公元前 6 世纪)和柏拉图的《对话集》(公元前 5 世纪)。什么是正义?什么是美德或善?为什么它们与教育有交集?什么是教育?我们应该如何描述作为一个受过教育的人的意义呢?成为一名教师意味着什么?正如本章所强调的,对教师来说,一次又一次地回到他们所说的教学本身是有无限价值的,更不用说其他太熟悉的术语,像课程、评估,等等。

另一种哲学流派被多样化地称为"生活的艺术"和"智慧传统"中的哲

学,源于最初的希腊哲学,即"爱智慧"。前面提到的开创者柏拉图和孔子也参与了这一沿革。哲学作为生活的艺术,深深融入到教学的召唤中。它可以包括所有这些正式的和自发的努力,而对敬业的教师来说,培养自己成为擅长工作(即高效的)和善于工作(即伦理的)的人。哲学作为生活的艺术,意味着培养知识、敏感、协调、耐心等。

这里的核心观点是,智慧是哲学的一个起源术语,而不是一个工具或手段。它无法在数量上测量,在质量上也难以描述。与理论不同的是,包括作为理论的某些形式的哲学,智慧不是运用于实践的东西,就好像一个人把智慧变成工具箱或指南一样随身携带。它浮现在作品中,其中包括面对面的互动和对它的反思。与其说一个人拥有智慧,不如说是被智慧所占有,如果他们对智慧开放并且足够幸运地去接近它。智慧就像恩典:一个人无法寻求它或以直接的方式接触到它。他们必须等待它的出现,正是通过正直、真诚和有目的地参与生活——这正是一种召唤的精神。智慧往往会在当天教学过程中或反思过程中突然出现。其他人可能永远不会知道这件事,因为智慧和教学能力都不一定在行动上表现出来。教师可能不会做他们在教学时刻要做的事情。其他人,包括他们的学生,可能永远不会知道,他们只是凭像一道突如的闪光一样的直觉,迈出了更好的一步。他们自己可能没有意识到,在那一刻不拘泥于他们预定的做法是多么明智——而不仅仅是多么"有效"。同样地,智慧在反思时会不可预测地浮现出来,并且不是发生在一个行动点上,尽管如前所述,它可以影响未来的行动。智慧和教学召唤都需要时间来显现。[4]

这些观点对于教师来说,哲学为他们的自我修养和道德福祉提供了永久的帮助。哲学可以帮助他们掌握其本身的意义:爱智慧,照亮对教学本身的热爱。考虑一下,为什么像一些学者所做的那样,假设理解和促进智慧的关键是关于这一主题的心理学和神经科学研究（例如，参见 www.wisdomcenter uchicago. edu/）是如此奇特。这就等同于说有关智慧的知识能指导智慧本身；好像我们可以解释智慧；好像这样的知识比智慧更有智慧，由此我们能计算和计划它的开发和使用，好像智慧只是像其他"资源"一样供我们处置的另一种"工具"。然而，智慧与生活方式和指导它们的价值观有关。它与人们最深刻的承诺有关，与他们对自己是谁、是什么以及应该如何行事的感觉有关。它涉及判断他们所期望的目的的价值。这些问题不是经验性的问题。它们是哲学问题。它们是为什么事实和知识对于开展一种生活方式至关重要，但它们并不是事物本身。

世界各地上千年的人类经验清楚表明，智慧比知识更广阔，而且在最好的世界里，它指导着知识的产生和使用，包括对知识——和智慧——本身的追求。此外，这种集体经验揭示了为什么智慧是伦理的、道德的和情感的范畴，而不是可以简化为认识的范畴。正如米哈伊尔·爱泼斯坦所描述的那样："智慧不是一种思想，而是一种思想—情感（thought-feeling）的融合物（alloy）。智慧是思想的情感饱和与感觉的智力饱和相叠加。"（Mikhail Epstein, 2014, 第 205 页）爱泼斯坦的术语唤起了前面关于教学中情感及其在实践中的重要性的讨论。他捕捉到了为什么智慧构成了感知、协调、反思、判断和决定的融合，以及意识到这些和相关的品质需要在一个人的生活中不断培养（当涉及明智的行为时，似乎没有人可以暂停休息一下）。通往智慧的道路（参见 Jaspers, 1954/2003），如同通往召唤的道路一样，个人通过沉浸在与他人的生活中——例如教师的生活——以及个人对它的反思，从所能接触到的任何艺术和人文学科获得滋养和滋润。艺术和人文学科的一个永恒职责，正是帮助一个人对意义、智慧的可能性保持开放，提升个人回应他者和世界的能力。

哲学关注的问题也见于前面提到的两个经典流派,有时导致人们,包括教育家,对它进行抨击:"啊,又是那些没有答案的问题!"几年前,我与一群公立学校教师发起的一项长期工作(见下文),我有机会多次访问一个11—12年级的英语文学班。慷慨大方的阿拉斯戴尔老师(Alasdair)鼓励我和他的学生们一起坐在讨论圈里。一次以美国《独立宣言》(1776)为主题的课上,他要求同学们结对研究文件中出现的"权利"一词的含义。坐在我左边的两个男孩,卡努(Kanu)和华金(Joaquin),很快就开始问我关于文本的问题。我回答了一些问题,比如为什么权利这个词是大写的。男孩们似乎很喜欢这些问题,但是要作出他们都满意的解释十分困难。在后面的小组讨论中,阿拉斯戴尔要求学生分享他们的调查结果。卡努举起手,提到了他和华金遇到的困难,然后突然大笑起来。他朝我的方向点了点头,笑着说:"好吧,我们问了他关于权利的问题,他也不能告诉我们什么!"我也笑了,因为我知道男孩们对这个问题有多认真,我觉得他们在理解上实际上已经取得了进展。也许卡努通过他那善意的笑声质疑的不是哲学家本身,而是学校里的成年人实际上给他们的学习带来了什么——这个问题具有许多哲学层面的意义,正如这整本书试图阐明的那样。

教师和哲学家在他们的工作中每天都有类似的经历,这也是教学和哲学在其基本性质,或"实然",或精神特质上如此紧密一致的另一个原因。两者都必须一次又一次地重新开始,或者"从头开始"。尽管困难,但教师必须努力尝试每天都重新看待每一个学生,因为大多数人都确信学生可以而且确实一直都在变化,即使绝大多数变化是微小且难以察觉的。举一个大家熟悉的例子来说,我们不可能说学生约瑟芬在今天早上第二节数学课的9点16分正好变成一个有耐心的人。我们可以说——因为这种事情经常发生在教师身上——今天早上9点16分是数学教师第一次注意到约瑟芬的耐心。但事实上,这个学生可能早在前一段时间就已经耐心地解决具有挑战性的数学问题。这里是教师需要重新开始,应努力提高洞悉能力,以便他们当下能够看到学生的耐心。这一点呼应了这样一个真理:通常情况下,教师可以通过考虑学生的观点、背景、教育经历、愿望等来更好地了解学生。但正如前面所强调的,不要在教学实践中试图根据学生的背景或出身预测他们未来的言行与命运,这是一种道德律令,也是教学实践应当警醒的训条(commandingness)之一。这种做法会破坏教师和学生当时无法想象的有意义的可能性。

尽管可能很困难,哲学家同样有必要重新审视他们论证的前提或观点、取向的理由。这样做的目的并不是"掩饰自己"和避免批评,而是把事情做正确(right),公正(justice)对待眼前的问题,明确真相(truth)。正确、公正和真相三个词是伦理和道德范畴的术语,而不仅仅是认识范畴。这种情况也适用于教师:看到约瑟芬的变化,始终是一种伦理、道德的而不是认识方面的领悟。它是道德的,因为它与教师如何看待、对待学生有关。它是合乎伦理的,因为它暗示了教师的精神特质,他们是以及正变成什么样子的人。这要感谢约瑟芬的"邀请"——以及每一位学生和每一天——通过学习怎样创设学生发展的最优条件,得以看见真实的孩子,参与讨论,最终滋养孩子们的理智经验(无论年龄大小)。每位教师每天都是倾听者的角色,总是要接收学生通常是不言而喻的诉说:"请调整好心态。"回应这些诉说的方法是,在教学召唤中将自身置于内在满足的境界。类似地,每位哲学家每天都是诉说或者一个声音的接受者,从世界隐喻而言(参见 Pagès, 2020):"请正确地、公正地、真实地说出来。"回应这一诉说,使哲学家变成一名教师、一名思想者。

职业的隐喻和诗意的语言

本书前言刻画了几位教师形象,我在学校道德生活项目中与他们长时间相处后,对他们有了更多了解。根据这些教师自己的证词,他们与召唤的语言产生了共鸣,尽管他们并没有在我们的交流中主动使用这种语言。的确,很少听到他们说"我被召唤去教书"或"我深受召唤"。以我的经验来看,现在仍然很少听到一位敬业的教师明确提到他们的"职业"。与此相关的是,我不记得有哪位教师说过"我是一位有道德的教师"或"我是一位合乎伦理的教师"。但是,我记得听到过"我是一个好教师"的说法,尽管很少,而且通常是在教师进行自我批评的场景下听到。

敬业的教师在工作中有一种成熟的谦虚,任何有幸与这些人一起工作的人都会熟悉这种谦虚。用隐喻的角度来看,他们似乎在没有任何提示的情况下自觉听从古老的诫命,即在向别人提供帮助时不要让人注意到自己。这也有可以理解,一些人可能认为召唤的语言听起来相当于镜花水月,专属于少数为善与正义开辟道路的英雄们。正如我在本书前言中试图说明的那样,在此进一步说明,后一种观点是对教学召唤意义的误解。许多教师的默默奉献并不是英雄主义的同义词,尽管教师积极参与到影响学生成为什么样的人这一没有剧本的戏剧中,确实表现出了非凡的力量和耐性。

这里的重点是,许多有思想的教师简要描述自己时,除了单纯的谦虚之外,还有更多的东西在发挥作用。他们以自己的方式说话证明了这样一个事实:教学召唤,兹事体大——可能很难或不可能明确表达出来——是一种比自我更宏大的东西,是一个人愿意把自己交给它的东西,或者至少是他自己某个实质性的、有意义的部分。我的意思是评述不仅仅是比喻性的。请考虑一下这些熟悉的短语:被吸引入教学之中或被教学所吸引。这些术语的实体性,以及它们立即产生吸引力的方式,揭示了为什么教学的召唤并不意味着"选择"教学,如同在市场上选购职业那样;相反,它是被选择的(参见 Alston, 2008,第 90—97 页, Michalec & Newburgh, 2018)。一个人可以说是看到了一种召唤或呼唤。他眼里的教学带有一种令人信服的品质。教学似乎在对人说——靠近。到这里来。看向这里。在这里"存在"。

如实表达教学召唤时,这种隐喻性语言是不可或缺的。这就是为什么我在本书中自始至终诉诸隐喻,而不是仅仅依靠分析性的主张和论证。艾丽丝·默多克(Iris Murdoch, 1977)宣称"哲学需要隐喻且隐喻是基本的;基本程度如何是最基础的哲学问题"(第 88 页)。这一主张,也激发了后边同样有哲学思想的作家的兴趣。正如默多克及其同好所论证的,人们为自己所做事情进行辩解或解释,大部分在结构上都是隐喻的,假设没有结构作为背景,彼此对结构不具有交互性,那么人们无法顺畅交流。隐喻并不因此是一种二流的思维方式,非要被理性的(或者更高级的,理性主义的)思维模式所支撑或控制。默多克(1970/2003)写道:"隐喻不仅是外围的装饰品,或者有用的模型,是我们形成自我意识的基本形式:空间的隐喻、运动的隐喻和视觉的隐喻。"(第 75 页)她接着说,隐喻有助于使"一种理解我们状况并在此基础上采取行动的模式"(Nakazawa, 2018,第 91 页)成为可能。隐喻构成了乔治·莱考夫和马克·约翰逊(George Lakoff & Mark Johnson, 1980)在其著名的概念研究中所描述的"想象的理性"(imaginative rationality):"隐喻是我们尽力对完全不解之物形成部分理解的最重要工具之一:我们的感情、审美经验、道德实践和精神意识。这些想象的努力并不缺乏理性;因为它们使用了隐喻,它们采用了一种想象的理性。"(第 193 页)

"教学是一次真正的旅行";"我被要批改的论文淹没了";"你从学生那

里得到了你所给予的";"我的学校现在感觉像一个监狱";"我的学校感觉很自由";"我需要重新找到工作的方向";"有时当你提出建议时,你不得不冒险":这种隐喻性的语言是自然的、富有表现力的,而且在描述和理解教学方面往往非常有效。它补充了第一、二章中提到的对宗教形象和术语的隐喻性使用,即对学生有"信仰"的教师,或出于对工作的热爱而"虔诚地"或"深情地"为课堂做准备。这与上一章关于教学反思的叙述相类似,在那一章中教师总是借助隐喻对其工作进行明智的思考。

矛盾的是,教师的隐喻往往表达某种直接性:无需媒介即把握工作的基本内容,尽管隐喻在其他方面似乎暗示着与经验有差距,它们总是从生活的一个领域借用(使用另一个隐喻!)图像和行动来照亮另一个领域。"我正在被工作淹没",说这话的人并不是在水里,也非即将失去生命。但他们找到了比其他任何词都能更好地表达他们的经验事实的词语。

许多学者(Dewey, 1985; Gadamer, 1996; Huizinga, 1955; Latta, 2013)认为:在无数的生活情境中,隐喻的演绎(play)在富有伦理的演艺概念中发挥了应有作用。尽管他们的论点不同,但这些思想家一致认为,演艺融合了人类经验的若干维度,这些维度通常是分离的:有条理的和不可预测的,受规则约束的和不受限制的,有纪律的和自发的,以及有目的的和功能性的。演艺标志着人类在特定的时间和地点将自己完全投入到"游戏"(game)中:养育子女、园艺、驾驶飞机……或者教学。这种游戏——或者说本书所描述的教学之类的实践——为演艺提供了一个背景,也就是说,服务于个人能力、天赋、愿望、理想等的表达。这个类比与教师及实践直接相关。没有游戏,就没有玩家;没有实践,就没有实践者。反之亦然。教学和成为一个教师可以是"一体的"。

可以肯定的是,教师可能需要相当长时间和相当多的经验,才能正确觉察他们正在做什么或课堂上正在发生什么事情。一些最初的隐喻性尝试可能是不正确的,或者有误导性。人们很容易错误地描述自己的经历。通常情况下,必须经过相当长时间才能对事情形成一个正确定位。在这个意义上,教师在其职业生涯的特定阶段找到正确的隐喻,就像诗人在捕捉一些真实的东西方面取得来之不易的成就,这些真实的东西可能在外观上是短暂的,但在意义上却是持久的。

关于隐喻的效力,最后一点说明是,它如何突破我们的描述语言中最初看起来难以解决的限制。不妨考虑一下现象学家梅洛·庞蒂(Maurice Merleau-Ponty, 1973)的以下说法:

> 快乐的作家和健谈的人一样谨慎,程度不高亦不低。在说话之前,他们并不怀疑所说的话是否可行。他们不理会语言的困顿,即如果一个人想说什么,就必须不说全部。(第 145 页)

从某种意义上来说,"世界的纯粹复杂性和描述总在事后意味着没有一个演讲者或作家能把事情完全表达正确"这种说法是注定正确的。语言的局限性似乎意味着,即使是体育主持人激烈的、自发的解说也是在所描述行动之后——哪怕只是一瞬间——才出现的,因此难免有错漏。除了最优秀的诗人,作家不可能成为已逝的瞬间;他们不能成为所叙述的事件;他们不能成为正在提出的主张或论点。在人、事件和文字之间,似乎存在着不可改变的距离,各种形式的毁坏后果都可能发生。

然而,教师不必感到绝望,因为他们努力描述好他们的学生、工作和自己,这在某种程度上注定不能完全符合事实,或者更糟糕的是歪曲了事实。人的经验可以使语言的欢乐而非悲切成为可能。例如,爱和智慧的表达往往是省略的，但本质上是可理解的。当一位教师不自觉地回应同事的见解时，"这说明了一切！"身边的其他人可能会立刻表示赞同，他们的意思其实是，所说言辞确实捕捉到了问题、事件或情况的核心。他们没有必要当场写一整本书来说明"一切"。

我将在下一章再谈这一点。我将试图说明对教学和教师的见证如何具有一种隐喻结构，从而能捕捉到课堂上一闪而过的瞬间，和谈话中转瞬即逝只言片语中所蕴含的真理。

"个人项目"（Person Project）

为了给这一章以及本书的其余部分打基础，我在这里描述了我最近进行的一项研究的基本内容。这项研究，扩展了我关于教学的道德层面和教学使命感方面的思考。它源自前面提及的对世界主义及其教育长达十年的调查。殊途同归，所有这些最终指向以下基本问题：什么是通过教育成为一个人，以及在教师角色中成为个人意味着什么。我使用熟悉的术语"是"和"成为"表示一种无穷尽的动态运动，意指人类经历生命变迁时稳定、不稳定、平衡、困境和转变的微妙循环。教育与人的关系这一要害问题，使我不断地回到源头（well），与其说我是想得出一个答案（在我看来，最终的计算是不可能的且不可取的），不如说是想了解它对于教育和教学的意义，甚或之于生活本身的重要性。

完成了对世界主义及教育的理论和哲学性质研究后，我寻求另一个与教师们在一起的机会，尽管我还没有完全理解这种"同在"会意味着什么。我希望通过对话和走进他们的教室和学校，与敬业的教师们探讨作为个人特别是教师角色的问题。

因此，我于 2011—2012 年在一所城市小学进行了实地调研。这项调查涉及两位享有盛誉的教师，一位是幼儿园教师（一位 30 多岁的南亚裔美国妇女），一位是五年级教师（一位 40 多岁的白人妇女）。我旁听了她们的 10 节课，并与两位博士研究助理一起在正式场合采访了两位，还有大量的非正式谈话。借鉴以前关于教学和我与两位教师互动的研究，我还向学校教师和管理部门介绍了当下世界作为个人特别是教师角色的意义是什么。整体经验是形成性的。根据两位教师自己的说法，她们对这些问题产生了强烈共鸣，透过它们仿佛看到了自己成为教育者的动机与愿景。她们的证词补充了我最初访问课堂所感受到的人的演绎（the play of person）（关于这一点，后面还会有详细介绍）。简言之，这些教师道出了做人问题不仅是哲学家的问题，也以不同方式激励着认真的教师。无需多言，教师们证明了这样一个事实：在日常课堂工作中，他们面对的是——从字面意义上说——存在和树人的基本问题。

受这项工作的鼓舞，我于 2012—2014 年发起了一个新项目。我邀请了 16 位公立学校教师加入这项工作，从幼儿园到 12 年级所有年级都有代表。小学教师负责艺术、数学、阅读和科学等科目。初中和高中教师负责一个科目，包括戏剧、英语、历史、音乐、科学和社会研究。其中一名教师为小学低年级儿童提供特殊教育服务。他们的年龄从 20 多岁到 50 多岁不等，教学经验从 3 年到近 30 年不等。

9 所公立学校中，有 5 所学校具有所谓的特许学校的特征，在科学、数学和阅读等领域遵守国家标准，在课程和管理方面与"普通"公立学校相比有不同程度的额外权限。这些学校面向全市招生（通过各种考试、抽签和申请程序选出），也为其附近社区的学生提供服务。从整体上看，它们体现了大都市地区不同文化和语言的多元色彩。这些学校有大量新近或第二代移民学生，不仅精通几种语言，而且从群体区分看，亚裔、非洲裔和拉丁裔学生占多数。(教师和学校的详情见表3.1)。

表3.1 项目成员

姓名*(A:亚裔;B:非洲裔;L:拉丁裔;W:白人)和担任教师的年限	年级和科目	截至2012年的学校情况(来自市教育委员会)
乔伊斯(Joyce)(A)—2年	幼儿园1年级语言艺术	PK-12年级;548名学生(19%为A,18%为B,46%为L,17%为W);44名教师60%的学校午餐项目
蕾切尔(Rachel)(W)—15年	1—4级舞蹈,7—11级戏剧	
特蕾莎(Teresa)(W)—17年	幼儿园3年级特殊教育	
西塞拉(Sissela)(W)—8年	1—5年级艺术	PK-5年级;365名学生(1%为A,18%为B,78%为L,3%为W);90%的学校午餐
科拉(Cora)(L/W)—7年	8年级英语语言艺术、新闻学	K-12年级;1,613名学生(28%为A,12%为B,15%为L,45%为W);23%的学校午餐项目
莱纳斯(Linus)(W)—21年	9—12年级历史、科学和技术	6—12年级;692名学生(4%为A,35%为B,48%为L,13%为W);57%的学校午餐项目
瓦莱丽(Valerie)(W)—9年	8年级社会研究	
珍妮特(Janet)(W)—32年	1—5年级艺术	PK-5年级;336名学生(7%为A,11%为B,40%为L,35%为W,7%为其他);35%的学校午餐项目
玛丽(Mary)(B)—17年	4年级语言艺术	
莎曼沙(Samantha)(W)—26年	2—5年级科学	
阿拉斯戴尔(Alasdair)(W)—13年	11—12年级英语(2012—2013)9年级社会研究(2013—2014)	(2012—2013)9—12年级;457名学生(7%为A,21%为B,50%为L,18%为W,4%为其他);66%的学校午餐。(2013—2014)6—12年级;673名学生(20%为A,12%为B,26%为L,38%为W,4%为其他);44%的午餐项目

续 表

姓名＊（A：亚裔；B：非洲裔；L：拉丁裔；W：白人）和担任教师的年限	年级和科目	截至 2012 年的学校情况（来自市教育委员会）
厄尔（Earl）（W）—5 年	11 年级英语	9—12 年级；431 名学生（2% 为 A，74% 为 B，23% 为 L，1% W）；74% 的学校午餐项目
海伦（Helen）（W）—9 年	8—10 年级科学	6—10 年级（2013；如今是 6—12 年级）；342 名学生（21% 为 A，20% 为 B，30% 为 L，29% 为 W）；40% 的学校午餐项目
梅里特（Merritt）（A）—11 年	7—8 年级音乐	
罗伯塔（Roberta）（W）—8 年	6 年级社会研究	
卡洛琳娜（Karolina）（W）—13 年	5 年级语言艺术（2012—2013） 2 年级语言艺术（2013—2014）	PK - 5 年级；1,356 名学生（47% 为 A，6% 为 B，30% 为 L，17% 为 W）；69% 的学校午餐项目

＊如前所述，根据事先的协议，所有的名字都是假名。

教师们自愿参加。经由同事、同行推荐和教师自荐，我会见并邀请到合作教师参与这个项目。我希望受邀参加的教师：(1)相信这项颇有些冒险的事业是有趣的，并能以开放、好奇和交流心态加入；(2)愿意投入必要的工作时间。在 2012 年夏秋之际，我通过与 16 位教师的单独会谈，征得他们同意参与这项工作。他们明白，我和我的两位研究助理将定期坐在他们的教室里，每三周与他们进行一次长达 3 小时的夜间讨论，还会实施一系列个人访谈。另外，受外部资助，每位参与项目的教师有 500 美元津贴，每次夜间会议安排一顿丰盛的晚餐。[6]

最初在每次单独会谈中，我都会提供一页工作要领，主题有关当今世界为人方面的问题。我解释了建议框架并强调了这项工作的开放性。我明确表示对研究问题没有特别预设。相反，我想借机激发大家深入探讨为何教育与存在和树人问题密切相关。目前为止,这里的假设是,教育体现的不仅仅是一个附加的过程,比如学习新的词汇,尽管这很关键。教育是变革性的,例如,辨别出在特定写作中使用的正确术语。后一种能力是艺术性的,而不是机械性的,标志着人的质变。这些转变,往往是微观的,并不总是容易描述甚至识别,也无法设计、预估或预设。

到2014年6月,这项工作的实地考察阶段结束之前,我已经花了74天时间访问教师的课堂,通常每次至少连续坐两个小时。我和我的助理们还与教师们举行了21次晚间会议。每次会议都有2个小时围绕着"为人"和"作为教师角色的人"相关主题进行开放式讨论。2012年秋季,我在我校举行了四次研讨会。会上,各位老师对核心问题的初步回应成为讨论重点,这部分交流贯穿四次会议。在2013年春季和秋季,教师们轮流确定主题并主持大部分会议,有时会议办在他们各自的学校,也有好几次是在他们的家中举行。他们选择的主题包括:在成为一个人的过程中游戏和工作的关系;在教育中使用的分类方法会使成年人对人的学生角色视而不见;与种族、阶级、性别、性取向以及其他因素相关的社会不平等如何阻碍学生和教师们个人发展;教师描述学生和自身的方式如何影响其实践。每个主题都从我们的交流中产生,都被小组事先认定同回应这项工作的纲领性问题有关。

另一个晚上则围绕着教师们对我们构思的两个相关提示的回应展开:"你能描述一或两件艺术作品——一篇小说、一首诗歌、一张画作、一部电影、一个雕塑等——让你明白在我们这个巨大的、不断变化的世界里作为一个人意味着什么?"同时,"你能描述一或两个在你职业生涯的任何时候作为教师的特殊经历或时刻,让你明白作为一个人意味着什么?"我们用了两节课讨论我推荐的涉及人格问题的诗歌,其中一首是华莱士·史蒂文斯(Wallace Stevens)的《最新的自由人》(*The Lastest Freed Man*),另一首是丹妮丝·莱沃托(Denise Levertov)的《秘密》(*The Secret*)。交流的过程中，教师们提出了一系列其他诗歌和短篇读物供我们考虑[例如，伊塔洛·卡尔维诺(Italo Calvino)的短篇小说《闪光》(*The Flash*)]。这些活动使教师们从美学、道德和认知层面更进一步评论他们的工作[我们以小组形式开展哲学对话的描述，参见 Hansen(2021)]。

2014 年春天是我们在一起的最后一个学期，我们召开了阅读会、讨论会并编辑了一些教师撰写的关于我们集体对话的短文。在这个项目的第二年，我们还完成了 42 次个人访谈，与每位参与教师进行三次正式的访谈(后来我又进行了三次访谈)。每次谈话的时间约为 1 小时，但有几次谈话持续了近 2 小时。我们获得了人作为研究对象的正式批准，可以访问学校和进行访谈。后者的目的是为每位教师提供一个平台，让他们深入谈论他们的职业、不断变化的动机、对实践的看法，以及他们在教师角色中的自我感觉。访谈还为教师提供了许多机会阐述在小组讨论或学校中所听闻的言论，以及课堂上与学生互动时所说所做。因此，访谈以核心问题为纲导，具体形式相当灵活。所有访谈都进行录音和转录，第二年举行的 11 次夜间会议也是如此。最后三章内容很大程度上依靠了上述工作的积累。

结语

上一章开宗明义地指出，教学的真理始终在于对它的感受，中间夹杂着询问和质疑。我还提出，"同在"：协调、回应、觉察是首要的。解决问题和反思是教学中的关键因素，但它们不是教学的起点。理论也是极其宝贵的，但它只是一种补充而非决定性因素。哲学在其概念工作和生活艺术的双重轨迹中构成了教师的天然知己，不管任教哪个学科或处在什么水平。我将在下文中进一步说明,为什么作为生活艺术的哲学与作为教师的性质和节奏能够紧密贴合。本章指出了哲学这个术语的根源:爱智慧。智慧比知识更广阔也更重要——它帮助我们判断知识的用途和来源——恰恰是通过像教师这样勤谨工作形成的。

如前所述,所有这些都是为了描述教学和对教学的召唤。我希望这个描述尽可能地接近目标,就像人们熟悉的表达方式那样,"真实地反映生活",即真实地反映教学本身。这当然不是要成为一个最终的描述,不奢望为目前关于教学的争鸣画上句号。教学中的传统本身就会破坏任何这种盖棺定论的尝试(回顾一下为什么传统与传统主义有本质区别)。同时,我相信这里提出的是对教学的美学、伦理、道德和认知方面的统一,对教学的格式塔,对教学的意义更好的描述,而不是对教学作为一种工作、工种或专业的概念性描述。

可以肯定的是,考虑到当代的制度和政策背景,生活在这种描述的氛围中颇具挑战性。我们不免怀疑,除了那些刚强不屈的教师之外,今天是否还能坚守教学的召唤。这个问题迫在眉睫:与本书的论点相反,今天听从召唤的教师一定是英雄,这是否已经成为事实?答案是否定的,在我们进一步深入到受召唤的教师课堂后,我将有能力驳斥这一观点。

目前,一个必须要解决的问题是观察和认识的方式,它影响了最初章节中的描述。没有任何关于教学的描述是凭空出现的。所有的描述都或多或少地来自描述者的预设、经验和信念,这些都可以被概括为他们的"背景"。但是,背景、获知事实和描述之间的关系复杂,长期困扰着作家们——或者说让人着迷,而这取决于我们听谁的。这种复杂性构成了每个作家的境况,包括教学论的作家(他们可能本就是教师),必须以自己的方式表达。他们必须依靠那些教导、启发、警告过他们、使他们变谦卑、坚强的书写范例,有时也需要听从自己的直觉。对于这个问题,我没有任何解决办法(我发现这个问题既困扰又迷人)。但我的确也可以分享一点,它实际指导我的时间比我最近终于意识到要长。这是下一章的主题。

注释

1.《教师与世界:教育的世界主义研究》这本书讨论了如果我们的词典禁止像"陌生人"和"外国人"等术语,那将意味着什么?"陌生人""外国人"这些术语在某些情境下可能会表达出身体或心理上的强制力和暴力威胁。教师自身在无意识情境下也可能表现出这种含义。因此,作为一名教师,自我审视是至关重要的,也具有独特作用。在课堂组织、安排和活动中,教师必须谨慎言说。

2. 理想在教学中的地位依旧是一个复杂性问题。理想,一方面可以激励和提振教师,另一方面也能诱发教条主义和道德盲目性。我曾在其他地方论证过(Hansen, 2001),教学中的理想需要结合实际的发展;但对于初出茅庐的理想主义者来说,把握理想与现实之间的平衡是非常困难的。(在那本书中,我把"永怀谦卑"作为工作中的理想。)无论教师多么想实现自己的理想,都不可把学生作为达成目的的手段。这一探究,将把教师带入哲学领域。关于教育理想的其他评论,请参见 Carr(2006)、Day(2004)、De Ruyter(2003)和 Hutchins(1937)。

3. 最近学者有关于"认同储备"的研究认为(Hogg 和 Volman, 2020),学生自身独特的个人知识、经验、兴趣和希望补充了学生集体、文化的"知识储备"(Gonzalez etal., 2005;Moll, 2019;Moll etal., 1992)。

4. 这里的评论与"实践智慧"的教育研究相呼应,所谓"实践教学"不是"关于"教学的智慧而是实践中的智慧。如,参见 Furman 和 Traugh(2021)、Ma(2018b)、Phelan(2005)和 Dunne(1993)的基础研究。关于为什么智慧和道德教育在教学中同步进行,请参阅 Hansjorg Hohr(2020,第 46—48 页)对后一个概念的讨论。

5. 教师们不断地运用叙事、隐喻的手法来描述自己的工作及目标,这一事实将在第

四、五章中详细阐释。许多一流教师会在写作中详细描述他们的工作。我常常想,如果教育政策的制定是基于这种独特的写作传统,那将会是什么样子。

6. 我竭力邀请来自欠发达地区的教师群体。然而,几乎所有与我交谈的有色人种教师都迫于某种原因拒绝了我,其理由要么是已经在其他项目上投入甚多;要么是忙于行政管理;要么是报名了一个毕业要求苛刻的项目。一些亚裔、拉丁裔和白人教师由于此类原因而缺席。这些结果表明(1)此项目需要投入大量时间;(2)拟邀请的每位教师都备受尊敬,本身事务繁忙;(3)大多数城市教师是白人;该项目的最终名单反映了当时城市教师的人口统计学特征,其中约80%是白人,8%是非洲裔,7%是拉丁裔,3%是亚裔,2%无从得知其人种。这表明想要改变上述比例仍需要做一些工作:包括通过加强呼吁,解决随着教育系统和社会加速扩张引发的速度、节奏和步伐等紧迫问题,它们使教师的工作生活越来越卷,有必要分散一些注意力。

第四章 教学和教师见证

为了开启这段见证的叙述,让我从笔记中摘录几个课堂时刻,它们是前一章所述努力的一部分。这些场景将有助于随后对教师和教学的见证的阐述提供背景和启示。我在叙述中将会涉及相当多的细节,因为在教育哲学或实践中,见证并不是一个常见概念。(关于教师及其背景的详细信息,请参见表 3.1)。

* * *

十月的某一个早晨,厄尔(Earl)准备带着他 11 年级的学生开启一个新单元,学习奥古斯特·威尔逊(August Wilson)的戏剧《篱笆》(*Fences*)。他提醒班上的 20 名学生,他们要做的第一件事是使用,正如他所说的,"用一个意见(opinionator)来激活你的知识"。由于该戏剧牵引着宽容和宽恕等方面的问题,厄尔就学生们对宽恕的态度提出了几个问题。在他提出第一个问题后,学生们离开座位,聚集在教室的一个或另一个角落,那里有一个反映他们观点的手绘标志:"非常同意""同意""不同意""非常不同意"。厄尔的最后一个问题是,人们是否应该原谅他们的父母,尤其是原谅他们可能认为是严重的错误和失败。

这个问题在班上引起了强烈的反响。大多数学生认为,宽恕才是最终的解决之道。学生帕特里夏(Patrizia)不同意这个观点,她提出了一系列关于不良教养方式会有多大危害的评论。她积极与同学们互动,一次又一次地驳斥他们的反驳。

讨论变得激烈起来,尽管不是针对个人(从他们上学的第一天起,厄尔就鼓励同学们避免这样的转变)。突然,帕特里夏在说"父母必须负责任"的时候,使劲摇了摇头,沉默了下来。她冲到远处墙边的椅子旁,坐了下来,把头埋在胳膊里。和她辩论过的高个子女孩科妮莉亚(Cornelia)走过去,用手抚过女孩的膝盖,问道:"你还好吗,帕特里夏?"老师也走过去,跪下来与她平视,轻声问她是否还好。帕特里夏一直低着头,没有回应。与此同时,同学们都默默地回到自己的座位上,并感觉到发表意见的活动已经结束。

厄尔打开投影仪,向全班同学展示了他们的奥古斯特·威尔逊剧本的扉页。他询问学生对构成剧名的"篱笆"一词的可能联想。他在投影仪上记下他们的想法,同时鼓励学生在他们的笔记本上做同样的事情。在活动开始后的一分钟左右,帕特里夏从手臂上抬起头来跟着讨论,并和其他学生一样做着笔记。她显得平静而沉着。突然间她打了个喷嚏。就在那一瞬间,科妮莉亚和教师都用温和但坚定的语气说了声"祝福你"。

* * *

十一月的一个午后,梅里特(Merritt)走进他的八年级音乐教室旁边的房间,与五名学生一起排练一首曲子。此前,他曾指示留在教室里的20名学生两人一组进行合作,讨论他在课堂开始时分发的音乐作品。他使他们回想起一学期以来对这种工作模式的经验。他解释说,在用音乐演奏之前,他们要先口头练习一下这首曲子,这个活动将在本节课晚些时候进行。我留在教室里,坐在靠边的老位置上。

大约15分钟后,梅里特回到教室查看情况。当他走进门时,他转过身来并带着半开玩笑的微笑,问我是否看到任何与"成为一个人"有关的东西。

我毫不犹豫地从我的见证中自然而然地描述道,他的一个学生玛丽亚(Maria)是如何系统地帮助她的伙伴拉蒙(Ramon)的。拉蒙显得很沮丧,心不在焉,不愿意参与到活动中。玛丽亚把手指放在写好的乐谱上,不断地转向他,即使他在房间里晃来晃去,呼唤其他学生,摆弄他的小提琴和琴弓,低头看他的鞋子,并嘀咕他今天早些时候做的事情。玛丽亚坚持着,不慌不忙,对他的行为没有任何评论。拉蒙慢慢地改变了。他开始集中注意力,跟随她的步伐。很快,他开始自己谈论起了音乐。

我尽量用最清楚、最简洁的语言描述了这一切,并注意到梅里特当时正在上课。当我说话时,他的目光转向内侧,低下了头。我看得出他被感动了,用英国人特有的表达方式来说,尽管我无法辨别他在那一刻的去向。他什么也没说。他抬起头,看了我一眼,面无表情,但又很专注,好像他已经消化了我描述的事情。他微微点了点头,然后迅速转向他的学生,这时他们正在两人一组地说着话。"好,我们做得怎么样!"

* * *

2012 年 12 月 14 日,星期五,美国康涅狄格州纽约市的桑迪·胡克小学(Sandy Hook Elementary School)发生了恐怖枪击案。接下来的那周星期四,我发现自己坐在卡罗琳娜(Karolina)五年级教室的老位置上。上午 10 点半整,教室东墙上一块黑板上方的扩音器里传来校长的声音。她用谨慎而准确的语调宣布,她需要所有人集中注意力,因为即将进行她所说的"安全演习"。校长停顿了一会儿。卡罗琳娜的 28 名五年级学生立刻安静下来,她和她的同事朱莉(Jolie)都没有催促,朱莉是一名兼职的特殊教育教师。校长继续说道:"我们将进行一次安全演习。首先,我将描述你们需要采取的每一个步骤。然后,我们将进行演习。"她再次停顿了一下,然后解释说,当宣布演习时,老师将锁上教室的门,而每个人将沿着墙壁排队,直到从教室门口看不到他们中的任何人。他们要静静地站在那里,直到宣布演习结束。

又是一次意味深长的停顿。

然后说:"这是一次安全演习。"

在我访问教师学校期间,我曾参加过多次消防演习。每一次,学生们都把这件事当作可以开玩笑、大笑和取笑的机会,甚至在他们离开教室和大楼的过程中也是如此。然而,这次卡罗琳娜的学生从他们的座位上一跃而起,一言不发,紧紧靠在墙上。助理教师朱莉指导他们迅速组织起来,甚至她自己也占了一个位置。"不,现在还不安全。"她宣布了自己的位置,并向墙边靠近,离门更远。"你们都知道上周在康涅狄格州发生了什么事,"她突然补充道,"所以这就是我们这么做的原因,这样我们就能对入侵者有所准备。"

在这段时间里,卡罗琳娜平静地站在房间中间,远离墙壁,观察着孩子们。过了一小会儿,她向他们提出了一个问题:"我们学校已经进行了几次消防演习了?""很多。"一些学生回答。卡洛琳娜接着说:"我们学校实际发生过几次火灾?""没有!"更多的孩子叫了起来。"对,"卡罗琳娜肯定地说,"我们也不希望这种事发生在我们身上,但做好准备是很好的。"她一边说话,一边向墙边靠近。她的声音既不像校长那样阴沉,也不像朱莉那样焦急。这和她平时当老师的声音是一样的,尽管(在我听来)稍微有点刻意。

突然传来广播:"演习结束。"

感知与见证

我参观厄尔、梅里特和卡罗琳娜的教室,并不是为了留意(1)老师和学生何时会对教室里不安的成员作出反应,或者(2)两个学生何时会按照老师的教导进行合作,或者(3)我何时可以见证老师如何在国家悲剧发生后解决班级的集体焦虑。尽管如此,当我坐在教室的角落里时,这里勾勒出的瞬间还是很突出。它们之所以如此,有几个相互关联的原因。

首先也是最重要的一点,这三位老师都深耕于教学实践,这是我根据两年来与他们的定期互动而得出的结论,包括经常到访他们的课堂,还有许多主题广泛的对话,无论是单独的还是与其他教师一起的。他们的使命感,或者换句话说,他们将个人和角色融合在一起的方式,在最微妙的时刻,尤其是在这样的时刻,慢慢地,确实让我看到了。标记课堂教学的一般行为是一回事:对学生进行指导,评论学生的行为,以及在一般情况下,在某一主题上实施正式的课程。这些项目可以写在清单上,就像在各种研究项目和某些形式的教师评估中使用的清单一样。然而,另一件事是,辨别行动或时刻,表现出这个角色中独特的人,以及他们如何占据或更好地转变这个角色。在这里,没有检查表是可用的。

正如我们将看到的,见证是一种"取向"(orientation),这个概念一方面不同于方法、途径或手段等术语,另一方面也不同于意识形态等术语。取向,意味着在世界中的嵌入性。它指出一个人如何转动(即定向)身体和灵魂,以便很好地感知和倾听。感知比仅仅看到更深刻,而倾听比仅仅听到更全面。它们是一种完形:整全体验。[1]

教师的言行是很重要的,正如前文所述,他们没有说或没有做的事情之于教师对学生的整体影响也很重要,但同样重要的是教师的言行举止:也就是他们行事风格、方式和策略。[2] 语调、手势、在教室里走动的方式、刻意的沉默、眼神的交流等,都是教师的耐心、细心、专注和承诺(或缺乏这些品质,视情况而定)的明显表现。风格、方式和策略是带有道德色彩的术语,阐明了个性和人格的真正含义,因为每个人都在发展和成长,以一个独特的方式存在并在世界上行动。每个人都有自己独特的光环或气质,这一事实在像教学这样的实践中显得尤为重要,在这里,一个成年人通常比其他大多数成年人花更多的时间与一大群年轻人在一起。

教学行动是不连续的。它们可以在时间上进行分离,并以各种方式进行分类。但是人的表演,即在角色背景下表达他们是谁,是持续的。它以教师永远无法完全辨别的方式运行着,这正是因为——如第二章所述——置身于教学当下,就是在学生与学科和彼此之间的互动中,对他们进行调整。教师不会在这样的时刻反思或审视自己。在教学过程中,他们可以也确实在任何情况下退后一步,快速评估事情的进展,回忆熟悉的比喻。但在课堂的常规流程中,他们在教与学的浪潮中游刃有余:听、说、等待、行动、犹豫、干预、退缩。正是在这里,人们可以看到教学的召唤是什么样子的,可以看到教学实践的基本伦理结构。

在前面描述的第一个瞬间中,关于养育和宽恕的讨论显然影响了学生帕特里夏。她的老师和其他学生故意以冷静的态度来回应。通过他们的行为,他们承认帕特里夏对讨论的贡献和她的不适,并始终把她视为一个有尊严、有能力、有思想的人。他们没有袒护她,也没有充当假的心理学家。笔记结尾处提到的几乎是精心编排好的方面,阐明了这间教室里的人们似乎是以微妙的方式相互支持、相互肯定、相互帮助来实现他们的人格。

为什么这种表面上的行为能表达出人类潜在的团结?为什么有些教师和学生能够发挥这种无形的道德创造力呢?是什么使个别课堂,至少在某些时候,成为一个优雅、神圣、脆弱的空间,所有这些元素都可以支持严肃的学习?根据我多年来参观厄尔课堂的经验,我认为他的存在对帮助他的学生塑造一种相互支持的课堂风气起到了决定性作用。厄尔的学生在遇到问题或疑惑时,既不束手无策,也不固步自封。可以肯定的是,就像世界各地的青少年一样,他们可以喜怒无常、性格孤僻、不善言辞、缺乏耐心,也可以欢欣鼓舞、兴高采烈、妙趣横生(我见证了这种个性的转变)。但是,他们可以在当下旋即做出反应,且以一种反映出他们的老师和他们自己的人性的方式。

我们该怎么理解音乐老师梅里特在听到我对他的两名学生匆忙的描述时,脸部向内转并看向地面这一行为呢?他的自发反应呼应了第三章中关于许多敬业教师的自然谦逊的言论(在梅里特长达2年的项目中,他的所作所为非常明显)。他本可以在回答我时说:"太好了!"或"很高兴听你这么说!"或"我很高兴拉蒙回心转意;他最近很难集中精力。"但梅里特不发一言。他的两名学生都替他说了。在他的课堂上,学生们通常做他们该做的事情:把音乐作为一个研究领域和实践领域来学习。他可以离开教室,与一个小组的学生一起工作,因为他知道班上的其他人——或者至少是大部分人(拉蒙显然需要玛丽亚的坚持才能进入音乐领域)——会去完成他布置的任务。

在这里,我想到了几个世纪前的一个寓言故事,一个到罗马旅行的人,在任何地方都找不到朱利叶斯·凯撒(Julius Caesar)的雕像。他问一个路人在哪里可以找到,路人挥动着手臂回答说:"如果你想找他的纪念碑,就四处看看吧!"这座强大的城市证明了凯撒本人的力量和持久的影响力。梅里特不是像凯撒那样的教师,这是他坚持的第一个观点,但如果游客要寻找他的教学召唤的证据,他们需要做的就是看看周围。然而,他们必须学会观察(就像我一样),除非他们有非凡的道德视野。一个曾经去过梅里特课堂的人——例如,一个去评估他的教学的人——可能没有时间去充分完善和集中他们的感知,去关注我所看到的那种时刻,因为我曾多次坐在我的特定座位上,而且更重要的是,我对梅里特已经有了充分了解。(在本书的最后一章,我谈到了见证作为教师评价的价值取向)。

在第三个时刻中,卡罗琳娜在演习中谨慎而又巧妙的行为不仅表达了她对学生的全面关注,这是教学伦理实践的中心。它还揭示了她对自己所处位置的一种不言而喻的感觉,从字面上看,她站在墙外,让所有的学生都能看到她,从象征意义上看,她向全班同学(以及向她紧张的年轻同事)提供了措辞谨慎、表达清楚的观点。到那年12月,卡洛琳娜已经很了解她的学生了。他们建立了彼此之间以及与课堂活动之间的联系方式。学生们也开始知道他们所处的位置——即在一个他们从未经历过的独特的学习环境中,尽管表面上有无数的相似之处,因为没有其他老师以完全相同的方式贯彻工作的文字和精神。我记得我被她的言语和行为中所体现的智慧所吸引,以至于我忘了仔细观察学生们脸上的反应和身体姿势。由于见证者必须像最注重数据的科学家一样对事实一丝不苟,我不能说孩子们是否明显地放松了一些。不过,我是她课堂的常客,如果他们这样做,我不会感到惊讶。我将在第六章中再谈她的课堂。

我并不是把这些解释性的话语解读为我所见证的时刻。正是后者揭示了这些话语所证明的真实性,无论这些话语是多么微不足道或不完整。这些话语源于作为见证者的自我工作的意义(关于这一点,后面会有更多介绍)。这种持续的工作使我注意到,认识到,意识到,并在如今承认教师课堂的真相。在这里,描述变成了转录,不是以照片定格一个场景的方式,而是以语言或音乐的转录者"把一些流动性和时间性的东西带入语言中"(Gilbert,1991,第8页)的方式。作为见证者,我的任务是"转录"真相,成为它的管道、载体和亲历者(参见第二章和第三章中关于真相的讨论)。回顾之前使用的术语,这三个时刻之所以突出,是因为它们表达了教师作为角色的存在,以及这种存在如何在与学生作为人的存在的动态互动中显现出来。再次重申这一点,这些时刻揭示了教学的召唤是什么样子的,甚至揭示了教学实践的伦理结构。

课堂上的共鸣细节

借用诗人和哲学家简·兹威基(Jan Zwicky, 2013, 2019)的术语,我们可以把这些短暂的事件描述为她所说的"共鸣细节"。这个术语指的是时刻、行动、表情和姿势,除其他可能性外,它们把人的存在和他们的人格呈现出来,不管是多么短暂的。这些细节与人产生共鸣,类似于音乐的音符在音乐厅的每一个角落里回响一样。共鸣的细节"聚集"了一个人的整体性,就像奏鸣曲或歌曲中的一组音符聚集或体现了整首曲子的整体性一样。当一个人在另一个人的姿态中突然鲜明地看到他们现实的丰富性、独特的实质和纯粹的人性时,这些引起共鸣的术语揭示了一种完全可识别的体验,这种体验随时随地都可能发生。这可能是一个同伴不自觉地昂起头,或把手放在栏杆上,或表现出一种独特的眼神。在一个预知的、美学意义上的术语中,这一时刻立即揭示了他们的人性。在瞥见这种共鸣的细节时,仿佛云雾突然散开,这个人在这个世界上的"实然"(is-ness)和"存在性"(there-ness)真正存在了。当一个人专注于一种新视野时,这种熟悉的、不可规划的事件也可能发生,也许是通过艺术的体验,使他们打开了洞察力——观点涌入——这是他们迄今从未想象过的。

在最初的时刻中,厄尔和科妮莉亚同时说的"祝福你"正是催化意义上的共鸣细节。它立即揭示了教室里充满关爱的世界,而我作为常客已经多次看到了这个世界,但却没有完全看清。在第二个时刻中,梅里特的眼神向内看,可以肯定的是,这是一个足够令人熟悉的人类姿态,在那一刻,就像明天的日出一样奇异和不可复制。眼神揭示了这位教师对教学的投入和热情,正是这种热情激励着这位老师,这也是我以前见过、听过但还没有亲眼目睹过的——还没有真正认识到和承认过的。在第三个时刻中,响亮的共鸣细节在时间上扩展并涵盖了课堂演练的所有阶段。卡罗琳娜从头到尾沉着而生动的表现揭示了她为何教学以及如何教学。我再次想象她站在墙边的样子,这样所有的学生都能看到她,她也能和所有的学生进行眼神交流;她提出的经过仔细斟酌的问题;她的结束语提醒每一个人他们身处何方——不仅仅生活在一个生命可能被暴力剥夺的残酷世界,而且生活在一个有意义、有教育发展、有友谊的世界,也就是说,像他们的教室这样的世界,像他们居住的地方那样的世界。

对教学和教师的见证是为了磨炼自己对学校和教室中的共鸣细节的接受能力。如前所述,这里没有任何公式或蓝图。回顾一下所谓的质性研究(或基于实地的研究)中一个熟悉的比喻,见证者是他们自己最好的工具,尽管有一点曲折。无数的定性研究者强调,教育实践和事件的解释者不是一台机器,不能假装站在中立的立场上或假设"不知从何而来的观点"。像每一个人一样,研究者在他们所做的每一件事上都会带有偏见和成见。正如第二章中所提到的,从解释学的角度来看,如果研究者想看到任何东西,其中一些偏见是绝对必要的。它们使接触社会成为可能。在其他条件相同的情况下,如果我不假设人类能够思考、感受、辨别和判断——所有这些都构成了对他们不言而喻的偏见或成见——那么当我和他们在一起时,我就会像蝙蝠一样盲目。更重要的是,如果我不认为教学是一项重要的人类实践,如果我不认为至少有些教师可以在学生的教育中有所作为,如果我不认为学习可以发生,那么当我在课堂上时,我将是盲目的。如果我真的怀疑教师和教学的重要性,我就不会注意到前面描述的那些引起共鸣的细节——事实上,我也不会首先进行广泛的个人项目(Person Project)。我注意到这些流逝的时刻,是因为我的预设,而不是忽视它们。但是,它们并不是一成不变的。正如前面讨论的关于传统的影响,我与教师的每一次会面都会使我重新调整我的预设。[3]

同时,一些偏见即使不是有害的,也是成问题的。如果我不加批判地相信教学的价值,我可能会简单地忽略失败的教学案例。然而,只有通过系统的实地考察,并结合探究者写作、思考、与他人分享他们的想法以及解释时的系统性自我批评,他们才能与阻碍性的偏见保持距离。具体而言,他们可以开始区分他们所看到和听到的东西与他们最初,也许是不经意间,认为或假定他们所看到和听到的东西。他们可以学会用新的偏见(因为偏见总是在起作用)去看待这个世界的真相。他们可能不会像某些诗人那样走得那么远,他们的诗句在时空中回荡,因为他们体现了一种看似无关联的看到(seeing)和现实之间的一致性,每次读者阅读或(更好)听到这些诗句时都会立刻被抓住。[4] 对于见证者来说,诗人的成就构成了一个规范性的理想:一个可能无法实现的目标,但一个可以规范——即指导和引导——他们的见证者的目标。

这种说法中的转折是一个强调而非偏离的问题,尽管有一些区别,后面会提到,为什么最好不要把见证理解为质性研究的正式方法,而是理解为一种伦理取向。作为见证者,"我的自我"(my self)并不是努力中的最佳工具,好像这个自我是我的命令,好像我先验地站在世界之外,在参与世界之前必须重新审视我的感知力和感受力。我在这里看到的是,除了"我的"自我,不管它是什么,都完全被世界的影响淹没,而且自出生以来一直如此。从见证的角度来看,正是我不是什么,或还不是什么,打开了道路。我只能通过我正在成为什么样的人来证明,通过我准备从世界上接受什么来证明,而不是通过我本身是什么来证明。在一种矛盾但可理解的意义上,我的见证既来自我自己,也来自我之外。

作为见证者,我不能提及"我的"资料,因为我没有,尽管我手头有一个厚厚的文件夹,里面有组织严密、精心制作的描述性笔记,并且这些草图就是从这些笔记中绘制出来的。但我没有收集或产生"数据"。把这两个词反过来说会更贴切:数据收集或生产的正是作为见证者的我。在诗歌方面,我不是创作者,而是接受者;不是画家,而是画布;不是抄写员,而是印记;不是诗人,而是尚未触及的书页。我不测量别人,但被别人测量。我不吃东西,但却被喂饱。一个审美的、道德的和反思的光合作用从教师和学生的课堂世界的光芒中产生了。所谓的数据在接受的瞬间就发生了蜕变,揭示了教育作为一种知识和道德的经验以及教学作为一种伦理事业的轮廓。

安静的证词和见证者的接受性

见证者采用了一种耐心的、不带偏见的方法来处理共鸣细节所表达的"安静的证词"(quiet testimony)。正如萨拉·戈德堡(Shari Goldberg, 2013)在她对19世纪美国文学的研究中所阐明的那样,安静的证词来自对那些通常不被注意的事件和事物的关注——比如人们对打喷嚏的反应,一个向内看的眼神,以及一位教师的立场。安静的证词标志着"一系列未被官方承认的遭遇"(第150页)。然而,戈德堡表明,这种遭遇构成了"一种新的接触世界的催化剂"(第14页)。一旦被见证,由人、事、物组成的世界就不再只是一个可以被分析和利用的世界。通过倾听日常行为和时刻所表达的安静的证词,人在更深、更广、更丰富的层次上承认现实。与此同时,人也会随着现实视野的拓宽而改变。这个人不能再以同样的方式在这个世界上活动:世界变得更充实、更脆弱、更珍贵。他们新近赢得的反应能力变成了一种新的责任感。对教学和教师的见证,既是对教育工作的回应性教育,也是对分担教育责任的体验。我将在本章后半部分再谈论后者。

接受和反应在见证中是相辅相成的。它们需要培养或锻炼,这一点让人想起前面提到的作为见证者的"自我工作"(working on oneself)的概念。然而,接受和反应并不是意志的问题,除非保持意志力,克制其解释、把握、预测和控制的急切。用一个更准确但繁琐的术语来说,见证者的工作状态是无意志(will-less-ness)的,或者说是缺乏饱满的意志(willful-less-ness)。见证者通过经验了解到,即使是最有同情心的局外人,也会对熟悉的教室感到麻木,以至于来访者会不自觉地像阿尔弗雷德·希区柯克(Alfred Hitchcock)的经典电影《后会无期》(*Rear Window*)中的偷窥者一样,通过望远镜观察他的邻居,实际上是要求发生一些有趣的事情。作为见证者,我必须警惕要求发生一些不同寻常的事情。我必须在自己身上下功夫。我的意志发挥了作用,但以一种特殊的、消极的方式。我努力放松我的意识偏向,以便让发生的事情证明,让它"顺其自然"(let it be),而不是用预设的范畴来接近它。我集中精力,努力倾听安静的证词。我可能什么也听不到,也看不到什么共鸣,这是我在教室参观时的经历。(见证是没有保证的。)我也能不时地感觉到,诗人雷纳·玛丽亚·里尔克(Rainer Maria Rilke, 1989)所说的已经"被解释过的世界"(第151页)在我的感觉之门前叫嚣,劝诫我接受传统的、陈旧的教学关于课堂的定义。门外的呼喊声呼之欲出:当你看到一间教室时,你已经看到了所有的教室。我们已经看到了这一切。我们知道这意味着什么。你为什么要再看一遍呢?[5]

共鸣的细节往往是普通的、日常的、安静的。我们可能会说,他们是如此相似。但它们在表达的程度上是不同的。为了辨别它们,当坐在教室里和事后思考问题时,见证者渴望保持意志:行动时保持精神和情感上不急不躁,准备好接受而不是抓住。田野调查成为一系列无计划的、不可规划的场合或时刻,而不是一个线性或连续的数据收集过程。见证者学会了等待,但并不等待某种形式或外观已被预先确定的东西(参见 Heidegger, 2010,第75—76页, passim)。见证者不急于求成。见证者等待教学的真相和它的深层价值,以便通过共鸣细节在安静的证词中表达出来。见证者把等待真相视为天职。见证者从来都不是被动的,就像见证不是一个短暂的行为一样。它在见证者创作的文本本身中涌动。在那里,理想的情况是,书面见证成为一种证词的形式,而不是仅仅证明"关于"某件事情,仿佛见证的主体和客体是完全不同的。被见证的东西应该被刻在见证者所写的每一页纸上(参见 Goldberg, 2013,第292页)。

在这里自然而然要插入一句:对于我们这些主体来说,事物怎么能以客体以外的形式出现呢?出于启发的目的,请考虑一下森林步行者和植物学家之间的区别(现实中可能是同一个人)。植物学家大步穿过森林,寻找他们感兴趣的东西。在这一过程中,森林是一组等待研究的个别对象。与此相反,森林步行者以一种非工具性的方式关注事物。步行者以这样一种方式对事物做出反应,即森林首先不会成为客体。相应地,步行者永远不会成为主体。更确切地说,步行者是一个管道,一个容器,一个载体,通过它,森林里的东西成为有生命的东西,而不是作为使用的对象,包括作为研究对象。如前所述,见证并不是传统意义上的研究形式,但它有自己的爱欲结构(erotic structure),使人想起与该术语相关的渴望或向往的概念(请参见前文第一章)。然而,见证并不需要把世界客观化才能取得进展。相反,它需要在应用我们熟悉的被称为框架的客观化工具之前,接近并学习将世界视为一个已经存在的世界。与第二章的讨论相呼应,对于森林步行者来说,真相构成了一个事件或意外,而不是客观化方法的结果。

"要突出":前面提到的这些术语都有物理和精神方面的内容,反映了克里斯托弗·达斯汀和乔安娜·齐格勒（Christopher Dustin and Joanna Zeigler, 2007）所说的"全神贯注地看见"（enmattered seeing）（第233页）。这个物质性的术语指出，我们看到事物是因为它们很重要，或者换句话说，事物的"重要性"（matter）唤起了我们"看见"。这种模式不同于把事物看成仅是本身没有意义的物体。如果一个人没有做好准备，物体就不会作为事物凸现出来（参照这里对自我工作的强调）。全神贯注的看见意味着看到意义，兹威基也强调了这一点。她认为，意义不一定首先在文字中具体化，然后再应用于经验以赋予其意义。可以肯定的是，这一过程确实反复出现。然而，正如兹威基所表明的，人类有时可以立即看到意义，仿佛它一直在等待他们——例如，如前所述，在任何数量的姿势、行动和事件中。视觉可以像触觉一样接近。这种经验预示着一种接受和反应的倾向，无论这种倾向多么初级：不是一种了解、分类和控制的意志，而是关注现有事物的意志或开放性。[6]

这些观点揭示了为什么"见证"不是研究中传统意义上的观察模式。见证是一种伦理而非单纯的认识论取向，正如动词留意（heed）所体现的那样。留意是指去关注，去为之腾出空间，去站在一边，去承认。留意将这种承认置于掌握或解释的尝试之上，这样一来，接下来的任何解释都以一种惊奇的精神而不是单纯的好奇心进行。当一个问题得到回答时，好奇心就会终止，并转移到其他事情上。好奇心不仅萦绕在心头，而且越是关注，就越是深入（Dustin & Ziegler, 2007; Heidegger, 1994; Miller, 1992）。这不是说一旦你进过一个课堂，你就看过了所有的课堂。这种说法揭示了声称者可能从未真正看过一个课堂。他们缺乏审美和伦理上的反应能力。不管是什么原因，他们的这种能力已经被麻痹了，至少在涉及课堂生活时是这样。稍后我将论述好奇、作为伦理姿态的见证与作为伦理实践的教学之间的关系。

本章开头叙述的三个时刻引起我的注意,而非因为我关注才存在的行为,后者可被理解为内部化决定,或者换句话说,是一种占有精神。我并没有"决定"去关注这些时刻。这个决定,如果这是一个正确的词的话,是通过我已经投入的一种媒介做出的,即一种比对教师角色的表达、表演或具身兴趣更深的兴趣。我之所以对后者感兴趣,是因为通过我以前的研究和许多同事的研究——以及许多教师(包括我自己)的证词(安静的和其他的)——我了解到,是角色中的人,而不是角色本身,或教了人,或失败了(视情况而定)。这种有活力的偏见(在该术语的意义上)反过来又与之前提到的另一种偏见融合在一起:一种基本的信念,即教学和教师是重要的,尽管这种立场被这样的认识调和:即传统和实践的动态意味着不可能(希望)有一种对工作的"最终"描述,从而结束关于它的千年对话。当我坐在教师的教室里时,这些偏见使我的见证变得饱和,尽管不是以一种预设的方式。在形成视线(sight)的同时,有时(如果够幸运)在视线范围内,他们并没有预先确定我可能看到的东西——只是后者将属于或携带"人的问题"和"教学问题"的特质或光环。在"个人项目"期间,我花了75天时间参观教室。在每一天,我事先都不知道会注意什么。奇怪的是,在这种情况下,我体验到了莫名的感动和感激(另见 Hansen, 2007a)。

在这个时候,一个持怀疑态度的或感到困惑的读者可能会问:见证者仅仅是一个审美者?一个旁观者?甚至他们也许是一个窥视者,就像希区柯克(Hitchcock)电影中卧病在床的角色(见证者道德沦丧)?讽刺的是,见证者不但没有消解知情和控制的意愿,反而是最具有占有欲的人?我们在什么层面上可以相信见证者是事物真相的披露者?教育研究的标准方法经过了艰苦的计算推理,以便为学者们的主张提供依据。在没有这种方法的情况下,见证者有什么资格作证?

我希望到目前为止所写的一切都有助于回答这些问题,包括为什么需要以不同于标准研究话语的方式来提出正当问题。否则,现有的对方法的理解只是将不符合他们期望的东西殖民化或逐出去。[7] 下一节将进一步讨论这些问题及其关联议题,探讨人类事务中多种形式的见证,以及对教师和教学的见证如何与之相联系。我们将看到为什么课堂上的见证者永远不能确定他们已经成功地完成了任务;这样的判断掌握在那些接受见证的人手中。但就像一个经验丰富的教师一样,见证者可以学会识别他们什么时候不在场。正是由于不在场,见证者可能会陷入一种盲目或故意的模式,并对他们今后提出的任何问题产生怀疑。

见证的目的和轨迹

见证是一个熟悉的术语,尽管它的使用方式多种多样。在其意义的一端,见证指的是一种超然的、似乎是被动的立场,就像前面提到的观众或旁观者的立场。在另一端,它唤起与他人在道德上热情团结的图景。见证者可能在这个角色上停留不超过几分钟。或者,见证者的经历可能会改变他们的生活以及其他人的生活。见证的形式和实质与最初带有的形式和内容相呼应。

例如,婚礼、银行或律师事务所的见证者签署一份正式文件,并通过这一单一行为证明所发生事情的有效性。法庭上的见证者由于是相关事件的目击者而被传唤,在理想情况下,他们以机器般的可靠性和公正性来证明事实。品格见证者(character witness)可能不了解有关的特定事件,但被要求谈论被告的一般品格和行为。专家见证者将深入的知识与专业判断相结合,并被要求提供解释性而非单纯的事实性评论,以帮助法官和陪审团掌握所发生的事情，及其背后较为晦涩难懂的技术性或物质性实质。

在一个完全不同的思考层面上，宗教见证者以一种特别具有说服力的方式表达对经文的启示或见解——或通过语言和/或行动——向信徒们证明现在所有人所看到的是一种属灵真理。在许多历史悠久的宗教中，见证者在这种精神下扮演着重要的角色。从另一种模式来看，社会见证者拒绝等级森严的社会秩序，选择生活在穷人、受压迫者和被边缘化的人群中。我想到了多萝西·戴(Dorothy Day)和简·亚当斯(Jane Addams)等人。他们对贫困的城市居民、受压迫的工人和新来的、经常处于困境中的移民的教育、经济和政治需要作出了深刻的回应。社会或宗教见证者没有蓝图或公式可循（这些角色也可能相互融合，例如戴）。每一个见证者最终都将描绘出一条独特的道路。

同样的事实也适用于道德见证者。许多人生来就见证了大规模的人类创伤，如第二次世界大战的暴行和美国长达几个世纪的恐怖奴隶制。即使是在细致记录罪恶事实的同时，道德见证者也在呼吁纪念，呼吁道德觉醒和清算，呼吁此时此刻的正义。道德见证者可以同时是宗教和/或社会见证者，如马丁·路德·金这样深受人爱戴的人物。关于道德见证轨迹的文献越来越多，哲学家、社会学家、心理学家、历史学家等参与其中(Agamben, 2002; Felman & Laub, 1992; Givoni, 2016; Hartman, 2007; Hatley, 2000; Margalit, 2004; McBride, 2001; Oliver, 2001; Wieviorka, 2006)。教育界的学者们已经开始总结这些特定的文献对教育理论和实践的影响(Adami & Hållander, 2014; Berlak, 1999; Dutro, 2011, 2013; Hansen, 2012; Hinsdale, 2013; Rak, 2003; Ritter, 2007; Simon, 2005; Zembylas, 2006)。

据我所知，以前的研究从未以此种方式见证教师和教学。这种特殊取向，与前面提到的研究有关系，它的出发点是不同的，但在道德上是一致的。这个起源与创伤和大规模的不公正无关——或者换句话说，与"戏剧性"事件关系不大，而与日常的、普通的、表面上微不足道的事件有关，但正如本书所论证的，这些事件凝聚成一幅强大的教学画面，成为一种召唤和伦理实践。与此同时，这个来源包含了人类尊重和通过教育实现繁荣的基本问题。我稍后会回到这些道德概念，在那里我将特别强调教学和作为教师的尊严的概念。[8] 现在，让我谈谈这里的取向如何反映出我刚刚回顾过的熟悉的见证形式。

事实与真相

就像法庭上值得信赖的见证者一样，教学和教师的见证者必须对事实一丝不苟，并致力于追求真相。很久以前，柏拉图（Plato）就很好地说明了这一要求在道德、认知和政治方面的影响。在他的经典教育著作《理想国》（*Republic*）的开头，两个年轻的雅典人波列马库斯（Polemarchus）和克利托丰（Cleitophon）就他们中谁是苏格拉底（Socrates）和色拉叙马库斯（Thrasymachus）之间紧张交锋的忠实"见证者"（Gr. Μαρτυρέω）展开了辩论，苏格拉底为正义的可能性进行辩护，而后者则宣称强权即正义，弱者和无防御能力的人应该为强者服务。克利托丰一直是个糟糕的听众，或者说他是在听别人说话。他误解了色拉叙马库斯的立场，而波列马库斯指出了这一点。苏格拉底插话说，这个问题不需要解决，只要色拉叙马库斯的意思和克利托丰说的一样。色拉叙马库斯嘲讽地拒绝了这个建议，并回应说苏格拉底本人是一个"假见证者"，他试图歪曲论点以获得胜利（340a—341c2，见 Plato，公元前 380 年/1992 年，第 16 页）。

通过这种生动的交流，柏拉图将随后关于正义和教育的对话中的利害关系戏剧化。真相本身就处于危险之中。我指的不仅仅是命题的真相,尽管那很重要,更是指友谊真相或教学真相意义上的生活真相。道德真相也在发挥作用,因为它突出了人的真实性——他们是否朝向(就像坚持正北)——正义和我们今天所说的善。对柏拉图来说,见证的想法本身就突出了见证者的完整性、严肃性和动机。这些利害关系完全适用于为教学和教师作见证。

召唤见证

与法庭上的见证者不同,教师和教学的见证者不是从外部的、机制化的来源召唤来作证的。相反,隐喻地讲,见证者是被实践本身和制定实践的人的命运所召唤。见证者向外看——字面意思是向外看世界——寻找关于实践的洞察、知识、理解,以及最重要的关于实践的智慧。见证者进行仔细的、自我反思的探究,包括适当的计划、记录以及与其他相关人员沟通。此外,作为教学见证者的探究者必须对教学工作有深入的了解,这些了解是通过自己的教学和与教师合作的经验,以及通过仔细研究教师的证词、哲学和实证研究及其他来源(如电影)而获得的。这些要求并不意味着课堂上的见证者必须是教师本人,就像战争的见证者不一定是士兵或受影响的平民。这些第一手经验和知识提供了一个宝贵的内在或内部视角。但是,如果系统地进行关于自我的伦理工作,同时对所关注的现象进行深思熟虑的研究,就能起到良好的作用。教学和做教师的真相比任何一个见证者所能涵盖的都要丰富和多面。

法庭上的见证者在许多情况下根本不需要准备,与之不同的是,教学的见证者要培养他们自己的审美、道德和反思能力,即兹威基所说的共鸣细节,并准备好辨别戈登堡所说的安静的证词。与专家见证者不同的是,他们的立场往往是临床的和超然的(而且是适当的),教学见证者寻求与教师的伦理相接近。我一直在寻找教师的陪伴:在很长一段时间内接近他们和他们的工作,让他们的存在浸透和贯穿我。我试图陪伴他们:通过对他们作为教师的爱欲的认识来看待教学,也就是他们对教育承诺的最深层的目的和希望。

在第二章中描述的为期三年的学校道德生活项目中,我在开始访问学校和与教师交谈时,并没有对这种环境中的道德生活的面貌和声音形成一个完整的概念。虽然我精通道德哲学和德育研究,但我慢慢意识到关注初级经验的价值——直接的和预知的经验——而不是受文献中所表达的二级经验的支配——那是反思的和批判的。其目的不是应用或检验一种理论,而是尝试去看:如实地看,真诚地看,就像书中所描述的那样。事实上,正是这些老师通过他们在课堂上的日常实践,教会了我寻找什么和如何倾听。在我与本书前言中所描述的教师互动中,这种(间接的)指导仍在继续。如前所述,我想不起有多少次他们用多少语言提到了教学召唤。但他们向我展示了它是什么,它是如何出现的。正是对教师日常工作的关注,我看到了共鸣的细节,听到了安静的证词。

在最近为期两年的"个人项目"中,这种动态的、自发的初级—二级—初级经验的运动一直持续着。在开始这项工作时,我并没有完全构想出见证的概念。事实上,我只是开始正式研究这个概念以及它在前面提到的多种形式中的表现。换言之,我被前几年遇到的一系列作家和艺术家的经验所吸引,他们的道德见证形式多样,这与他们的生活方式也大不相同的事实相符。其中包括斯维特兰娜·阿列克谢维奇(Svetlana Alexievich)、詹姆斯·鲍德温(James Baldwin)、埃蒂·希勒苏姆(Etty Hillesum)、乔纳森·李尔(Jonathan Lear)、莱纳·玛丽亚·里尔克(Rainer Maria Rilke)和 W. G. 赛尔巴德(W. G. Sebald)。还有更多其他人,但这些文字工作者之所以出现在我的脑海中,是因为他们对人类的情感、思想、痛苦、苦难、快乐、创造、失去和渴望做出的反应引人入胜。他们的见证中,有一种敏锐的意识和专注的特质,融合了同样敏锐的正义和关爱正念,包括在提供见证的行为过程中公正地对待他人的真实情况。[9]

这些志同道合的人物各有办法让人明白是什么召唤他们去做见证,以及为什么这个(而非相反)取向"选择"了他们。他们看待问题的方式,以及将他们所看到的事物写下来的方式,让我感到既强大又有种陌生的熟悉感。我之所以提到后一点,是因为我现在才明白为什么这些作家会有如此强大的存在感,也就是说,我在他们的文字中看到了情欲的感同身受(在某种程度上任何人都能把这种冲动带入语言):去把握,去将这里的真相握在手中(不可能),也就是说,作为一个人,成为一个人,在无数影响的支持下,我们似乎没有给其中的许多影响命名。真正的存在是尽可能地对存在作出回应,无论情况如何,这种召唤唤起了教育的意义和教师在生活中的地位。

被这些谜团所困扰——如同引发它们的问题那样深不可测——并不是一种新奇的体验,尽管它在每个人身上都以独特的方式表现出来(如果它确实如此)。我认为它们的起源是不可言喻的,同时也为人类努力将其具体化而着迷。想想众所周知的体现宗教启示转向的著作。另外,有些人通过哲学或艺术,如诗歌、绘画、雕塑、舞蹈、音乐等,来完成他们的回应。另一些人则转向自然界,因为自然界的美丽和奇妙的多样性令人惊叹。还有人深入研究生物学、物理学、地质学、天文学和其他科学,从他们看到的跨越时空的惊人变化中寻找灵感。

当我第一次见到厄尔、卡罗琳娜、梅里特和"个人项目"的其他老师时,我就感觉到见证的召唤。换句话说,虽然缺乏完整的见证术语,但回过头来看,这个取向已经开始确立了。上一章介绍了为这项工作招募专职教师的过程。它并没有提到我与教师们在各自的教室里进行第一次会面时那种期待感和兴奋感,在那里我将介绍这项工作,并开始考虑他们的参与问题。就在这些最初的谈话中,我意识到,从最实质的意义上讲,从正式的研究角度来看,我并不知道自己正在做什么。一方面,我既没有上述的见证语言,也不清楚如何辨别教师角色中人的表达;另一方面,作为一个学者,我应该知道我正在做什么,拥有所有的理论和方法论"装备",这将包括理解我不需要做什么或关注什么。

在这里,我想到了有关诺曼底登陆的战争电影《拯救大兵瑞恩》(*Saving Private Ryan*)中的一个场景,负责一个班的队长需要增添一个既能说法语又能说德语的人,以防他们在执行任务时遇到平民或敌军士兵。他在一个由几名地图绘制者和记录者占据的宿营地中找到了他。这名年轻人试图组装并携带他所拥有的一切,包括他的野外打字机和满满的行李袋,但却跌跌撞撞地绊了一跤,把它们全弄掉了。抬头一看,他看到上尉的右手在空中拿着一支小铅笔,脸上带着平静的表情示意:"这就是你需要的一切。"随后,这名士兵试图收集他那大大的袋子以及从里面坠落的每一件东西,但上尉巧妙地把它们从他手中全部拉出来并扔到一边,提醒他在他们离开时拿好他的头盔。

一支铅笔就足够了:在与每一位老师的第一次谈话中,我发现自己把所有的东西都"扔到一边",除了铅笔的等价物——在这种情况下,准备好从零开始看和听。我确实有一页描述这项工作的讲义,我们也确实一起回顾过。但每次谈话很快就转到了他们的教学内容和想法上,简单而有条理。我感到很着迷。也许这完全是意料之外的情况,因为我已经有些年头没有在学校里和老师们一起度过这样的时光了。也许这与我在老师面前的表现有关,因为他们信任别人,工作出色,而且人也很好,还很热情地接待我。也许是在阅读塞巴尔德、里尔克等人的作品时产生的挥之不去的情感,通过我们的共同存在,不知不觉中被激起。也许是我在他们的声音中听到了对教学的召唤,有一种难以言喻的惊奇感。无论如何,在那些时刻,我觉得(而不是有意识地决定)不如通过展示我的学术资格来说服教师们加入这项工作,我所需要做的是尽我所能地描述这项事业(venture),然后只是倾听、交谈并跟随我们对于他们将会去往何方的想法和问题。就这样,本章所描述的见证开始了。

这些话语证明了为什么不能把见证教给一个人,这一说法与见证与其说是一种方法,不如说是一种伦理取向的论点相一致。然而,如果未来的见证者沉浸在典范中,深入思考他们的证词,无论它采取散文、诗歌、电影、绘画或其他艺术形式,这种取向可以被"捕捉"到。没有什么比留意共鸣的细节更能成为"教师"了,无论它们如何出现在一个人的日子里:人行道裂缝中的杂草、一个眼神、一个声音中的犹豫、一颗橡子的感觉。

好奇和关注是进一步的影响因素

法庭上的见证者在完成了他们的证词后就被原谅了,并且从此可能不再回顾这段经历。相比之下,教学和教师的见证者——他们自己也可能是一名教师——则会被这项工作永久地打上烙印。他们的看法将永远不会再和以前一样。他们可能不得不在最不同的情况下,证明什么是教学,什么是它所需要的:在学校或大学的教师会议上,在见证者自己与学生的工作中,在会议和其他专业集会上,在写作中,以及与家人、朋友和其他人的谈话中。见证者并不自诩是"信仰的守护者",为教学和教师说话。相反,见证者是站在长期参与工作的条件下产生的好奇和关注的立场上发言的。

好奇(wonder)的出现,某种程度上源于这样一个事实:所谓的"教学"确实发生了,或者换句话说,的确发生了;那些已经扮演了这个角色的人确实能够对他人产生良好的整体影响。这个事实是如此明显,以至于几乎不可能完全感受到它的重要性,因为一个敬业的、经验丰富的从业者对工作产生了深刻的感受,而这种感受体现了对生命本身的感受,无论多么不明显(文学、诗歌和其他艺术以特别引人注目的方式记录了这种感觉的模样)。此外,正如汉斯·格奥尔格·伽达默尔(Hans-Georg Gadamer, 1984)所写的,好奇"不仅是惊讶,也是钦佩,这意味着不断地仰望模范事物"(第144页)。教学是人类的一项模范事业;在某种意义上,思考它的现实就是仰望它,对它的可能性心存感激。工作感觉中所蕴含的好奇感可能永远不会被命名,甚至不会被认可,从根本上说,它是无意志的——回顾上一节的论点——但不是无自我的。

在当代教育政策制定的背景下,我们是否对教学作为一种道德和智力的努力,作为一种对许多从业者的召唤,还能继续保持对它的完整性有着深切的关注。正如目前的文献所记载的那样,今天的管理政策和研究关系,实际上是把教师当作执行外部授权指令的可交换的职能人员。它常常从教师的赤字模式出发,对教师的行为进行审核,而不是把他们当作有经验的人——也就是说,他们是系统中唯一全职从事学生工作的人。如前所述,这个系统要求教师承担责任,但却没有提供有意义的理由让他们对自己的工作做出实际的解释,而这又会反过来影响政策。这种状况损害了教师和教师教育工作者的士气。

教师应该准备好对他们的工作做出解释,而正在进行的师范教育应该激发他们的能力和意愿。正如我们所看到的,每一位教师在承担教育者的责任时,都继承了一种深刻的特权和义务。在我的职业生涯中,我所认识的数百名教师中的大多数已经对他们所做的事情有所交代,或者至少试图这样做:对他们的学生、学生的父母、他们的行政人员、他们的同事和他们自己的良心。如果有正确的支持,他们可以为更大的教育工作者群体提供更多的支持。这种支持包括提供时间和机会以便他们进行深思熟虑的讨论和反思。[10]

关注与好奇的交错构成了描述教学和教师见证来源的另一种方式。见证者的完整性和价值,就其本身而言,取决于动态博弈中的好奇和关注。好奇体现了生命的惊奇感,它"是"而非"不是"。好奇使前面提到的道德术语中的留意教学和教师成为可能:倾听、感知和间接接受教学真相的暗示之间的融合。但是,仅仅是"好奇"可能就会消散在空气中,不留下任何痕迹、问题或迹象,无法让别人注意到并采取行动。在为教师和教学做见证时,关注同样重要。见证者对实践进行反思和批判,尽可能地注意到破坏实践的力量,同时防止成为片面或天真的辩护者。见证者以一种活泼的精神工作,对传统和实践中长期存在的问题进行有活力的回忆。这种姿态并不是一种保守的对过去教学的怀念。相反,它是一种前瞻性的、质疑性的模式,使工作的基本条件保持可见。但是,仅仅关注可能会变得狭隘、脆弱和尖锐。以共生的方式构思,关注和好奇会使彼此人性化。

从共鸣细节到教学尊严

好奇和关注指向为教学和教师见证的道德轨迹。这条轨迹与认识到教学和作为教师的尊严并付诸行动有关。

哲学家伊曼努尔·康德(Immanuel Kant, 1785/1990)对有价格的东西(即可以用金钱或实物交换的东西)和有尊严而没有价格的东西进行了著名的区分,例如,人(即一个人本身被理解为目的,而不是仅仅作为他人目的的手段)。一个人是无价的,因为他们是无价的;他们是在价格领域之外的。有鉴于此,承认他人的尊严并对此付诸行动,就是帮助实现——从字面上讲,使正义本身成为现实。此外,正如一个人不能被简化为一个物体一样,一个人也不能被简化为一般生物、心理或社会力量的产物。这种影响是真实的,并在人类互动中发挥着许多作用,但正如前几章所讨论的,它们并没有捕捉到人类的独特性。独特性不仅仅是文化和生物化学的印记,或者先天和后天的印记。它与一个人的精神气质或格式塔有关:他们身上那些不可替代和不可取代的东西影响着世界,无论多么微观,即使人本身也可以受到周围的影响。

尊严构成了作为一个独特的人不可复制的、固有的标志或属性。同时,尊严也可以成为人类关系和行为的焦点。尊严要么出现,要么消失,这取决于他人如何看待和对待我们,我们如何看待和对待他们,以及我们如何看待和对待自己(Bieni, 2017; Smith, 2010)。如果身边的人是我们尊重甚至敬仰的人,或者是我们害怕的人,因为他们对我们有权力,那么这个观点就更加突出了。最后,尊严可以包括人和他们的实践。"扮演教师角色的人"并不是人(目的本身)加角色(实践)的简单或粗暴的总和。相反,这些术语本身就构成了一个具体的概念。尊严与角色有关,也与人有关,或者换句话说,既与实践有关,也与实践者有关。见证的重点是这个动态的尊严概念,体现了教师和教学的统一性。

从这个角度来看,从道德意义上讲,一位教师如果不专心工作,就会有一种极不体面的感觉。在"个人项目"中与我交谈过的那些敬业的教师,以及其他许多人,在提到那些他们认为对这种专业失误漠不关心、毫无准备和毫不关注的同事时,即使不生气,也会明显地感到愤怒。他们认为这样的老师会伤害学生的健康,他们担心这样的人会给教师整体带来不好的声誉。(我遇到过一些教师,他们进入这个行业,首先是因为他们想用不同于对待自己和同龄人的方式来对待学生。)但这些同事也强调,教师的失败最好以道德的、以人为本的方式引起他们的注意,因为他们指出,外部的威胁和象征性的敲打很少有变革的效果,而且本身也可能是不公正的。他们建议,教育者需要有尊严地对待所有同事:尽管这可能富有挑战性,但仍要保持信心,即富有成效的沟通始终是有可能的。

有鉴于此,教育政策和社会期望也有一些不体面(即不公正)的地方,就好像教师的尊严是无关紧要的。这种观点将关于这项工作的知识主张与对实际从事教育工作的人类的有意识的、专注的关注割裂开来。如果教育系统不能认识到这种尊严并在此基础上付诸行动,那么就会削弱教师承认学生尊严并付诸行动的期望,而把年轻人视为可以随意操纵的对象。这个问题的另一面是扮演教师角色的人是扮演学生角色的人,以尊严为共同标准。

强调教学是一种实践和召唤,这强调了教学尊严的意义、必要性和绝对的道德优先性。如前所述,尊严包括人和实践,教师和教学。它与教学知识密切相关——我在"个人项目"中与之交谈的教师,以及我亲眼看见的他们的努力,对这项工作的了解远远超过他们所能表达的程度。(事实上,正如人们所熟知的那样——他们和所有的人一样——知道的东西比他们知道怎么说的要多。)但是,教育学知识从工作的道德性质中获得其独特的身份,扎根于尊严的首要地位。这一观点进一步阐明了实践中协调、接受、回应和策略的重要性。

尊严的首要地位通过见证而显现出来。这种取向不是直接意义上的计划性或干预性的。同时,见证并不意味着被动或纯粹的观看模式。见证放大了教师的声音,照亮了教学中的真相。正如戈德堡(Goldberg,2013)所写的,"见证者的存在不是为了说已知的东西,而是为了参与知识的重组。当结构让位给重组时,将要点分离出来,是使见证者的证词成为'关键'的原因"(第10页)。迄今为止所说的一切都构成了这样一个"点",在这个点上,教学的概念——不仅包括关于它的知识,而且包括对工作的意义和重要性的判断——以这样一种方式变化,尊严的位置、教学的召唤、教学作为核心的道德实践都凸显出来了。我希望它们能引起那些参与教师教育、教师评估和教育政策的人的注意,我也希望这本书能带来这样的结果。

教室里有见证者:厄尔的证词

本章从描述厄尔11年级英语课上的某一时刻开始。这段描述的一个恰当的结尾是厄尔自己对我作为见证者参观他的教室的看法。他的观点将阐明见证者的存在如何影响教师(这个主题我将在第六章中再次讨论)。在"个人项目"的实际过程中,厄尔和我都没有提到过见证的概念;如前所述,当时我还在构思这个想法。然而,从那时起,我们就讨论过这个问题,而且它在下面的叙述中也很有特色,他也很乐意把它写在这里。厄尔在一开始就提到了他参与"个人项目"的经历,并在提到对这项工作的"正式报告"时,提到了早期一篇涉及同一课堂时刻的文章(Hansen等人,2015,第167页)。以下是厄尔的证词:

> 在我担任教师的第一年,我挣扎得很厉害。我毫不谦虚地说,在我职业生涯的那个阶段,作为一名教师,我完全没有掌握最简单的基本技能。每节课都以不同程度的灾难而告终。第一年的教学就像一个漫长的、清醒的焦虑梦,反复出现的主题是瘫痪、公众尴尬和未完成的任务。

时至今日,我对第一年经历的记忆仍然是推动我不断寻找方法磨炼自己作为一名教师的主要动力。在我职业生涯的大部分时间里,作为一名教师的发展完全等同于拓宽我的教学技巧。我在学校的办公桌上通常堆满了专业发展书籍,涵盖了各种主题,如进行思维训练,实施文学圈,或创造有效的语法教学。多年来,熟练掌握教学技巧一直是我的圣杯(Holy Grail)。

在我教书的第四年结束时,我收到了一位朋友兼前同事的电子邮件,问我是否有兴趣与来自全市各公立学校的其他教师一起参加一个项目。她解释说,这个项目需要一位教授和两位博士生访问我的课堂,并与其他教师参与者每月举行会议。我想,这些访问和会议将围绕着讨论和汇集最佳实践来进行组织。总而言之,我认为这个项目和我之前参加的其他职业发展经历一样,都有其存在的理由:美国人对教育"有效"的永无止境的探索。

当时,我从未想过,尽管付出了相当大的人力和财政支出,但为什么这项一劳永逸地确定美国教育"行之有效"的努力还尚未完成。就像尼克·卡拉威(Nick Carraway)描述杰伊·盖茨比(Jay Gatsby)对"狂欢的未来"的追逐一样,我认为成功只是跑得快一点,或者把手臂伸得更远一点的问题。我从未想过,也许这种追求是建立在忽视课堂关键要素的假设之上的。当时,我完全投入到这样想法中:一个更完美的评分标准或其他一些教学工具可以带领我们走向美国教育更美好的明天。

因此,当我从戴维(David)那里收到一份描述该项目的单页文件,并注意到该项目所涉及的基本问题时,我感到有些困惑。"在今天的世界上,成为一个人意味着什么?"乍一看,这个问题似乎过于宽泛或稀薄,与我在课堂上为学生准备国家考试所做的努力无关。我天真地认为,反思做人的意义已经超出了我们教师工作的范围。我想知道。这个问题不是更属于哲学家的范畴吗?

此外,在戴维校园举行的第一次会议上,我立刻被这种开放式的结构打动。在我接受教师培训期间,我们被教导要非常有意识地组织课堂上的时间。例如,教师培训的一个共同点是,每节课都必须有一个明确的最终目标。对于这个最终目标有很多术语——有些人把它称为AIM,而有些人则使用缩写SWBAT(学生将能够……)。我记得在我教书的第一年,一位管理者告诉我:"学生每天离开你的教室时,应该能够做一些他们以前不能做的事情。"当时,我点头表示同意,并把她的告诫当作福音。

除了明确设定每日目标外,教师还经常接受培训,将他们的课堂分成"几块",并对活动的"流程"进行精心设计。在我自己的教师培训期间,我从未想过支撑这些做法和术语背后隐含的假设,但在教学领域,时间似乎被视为是一种需要分割的东西,然后朝着一个明确的目标进行调控。

我们在"个人项目"上的第一次会议是基于一套非常不同的基本假设。戴维教授和他的博士助手们坦率地表示,这个项目的目的不是"测试一个假设或测试一个新的教育项目"。相反,他们说他们的目的是"观察和倾听"。

在那个时候,这也让我感到困惑。在那年秋天的初始会议上,参加会议的教师们以非常不同的方式回答了关于人格的组织性基本问题(戴维没有为我们的谈话重点提供具体的框架)。初始,大家对这个问题的含义进行了大量的讨论,包括它是如何影响到在教师角色中成为一个人有何意义这一重大问题的。然而,不可避免的是,人们开始谈论他们在各自学校的经历。一些人从美国教育的大社会政治趋势的角度来阐述他们的言论。另一些人则讲述了与特定学生或行政人员打交道的局部经历,对他们来说,这些经历阐明了学校教育与作为(和成为)一个人之间的关系这一基本问题。

在这些初始会议中,有两件事让我印象深刻。我被我们谈话中所流露出的各种丰富的情感所吸引。教师们表达了沮丧、喜悦、希望、悲伤、愤怒、悲观等。可以肯定的是,我曾在我的学校看到过教师的情绪表现,但它们通常带有痉挛的特质,而且通常在普遍的不适或羞涩的道歉之后出现。然而,到目前为止,我还从未与其他教师一起占据过一个空间,让人们可以自如地宣泄他们对自己职业最深切的情感。有时,我们的会议几乎感觉像是集体治疗会议。

在我们的小组讨论中,我注意到的第二件事是戴维和他的研究助理安娜和杰森(Ana and Jason)是多么忠实于戴维的话,即他组织这项工作的主要意图是观察和倾听。他们都以一种稳定的注意力看待每位参与者的发言,这种注意力既紧张又微妙,以他们提出后续问题或记下笔记的方式表现出来。他们显然迫切地关注着充斥在房间里的大量言语表达。

一开始,我对这个结构的开放性感到有些不满。"这是怎么回事?"我有时会想,在我的座位上扭动一下。现在回想起来,我发现参加这个小组意味着内心的范式转变,而这种转变最初让我感到不适,我以一种前所未有的方式与其他教育工作者共处。对我来说,我们漫无目的的讨论与我对组织学习经验的想法是相悖的,但无可争辩的是,当我们聚集在一起时,这个房间里正在发生一些事情。我只是不确定是什么。这仅仅是一次宣泄的会议吗?它是一个与志同道合的教育工作者建立关系的机会吗？我不确定，但我很感兴趣。

　　该项目的其他组成部分包括戴维、安娜和杰森进行的广泛的课堂访问，特别是戴维，他在长达两年的时间里旁听了我的[23]节课。他还在第二年对我进行了三次长达一小时的录音采访。该项目的这些内容对我来说确实很新颖。我完全不习惯让另一位教育家访问我的课堂，而没有评估或辅导的制度议程。起初，这几乎是令人不安的，但随着时间的推移，我开始意识到，我注意到了关于我自己、我的学生和我的职业的一些事情，而这些事情是我以前看不到的。像许多教师一样，我习惯于其他教育工作者带着评分表、检查表或其他制度工具进入我的课堂来评估我的表现。我几乎无法理解，怎么会有人坐在教室里，而没有携带这些工具来指导他们的观察。我经常想知道他们在寻找什么。坦率地说，我很难摆脱这样一种隐隐约约的怀疑：一定有某种评估正在发生。

　　然而，我最终意识到，项目负责人再次忠实于他们的承诺，他们的目的只是"观察和倾听"。后来，当我读到这个项目的正式记录时，我清楚地感觉到负责人坐在我的教室里时看到了什么。在这篇报道中，戴维描述了发生在我班上的一个小插曲，当时我们正在开始学习奥古斯特·威尔逊的《篱笆》(*Fences*)单元。在开始学习任何新课文之前，我通常会让学生通过"意见活动"(opinionator activity)来激活先前的知识，让他们就与给定课文的大主题有关的陈述进行辩论。例如，对于《篱笆》，其中一句话是"孩子们应该永远原谅他们的父母所犯的错误"。当学生们开始对这句话展开辩论时，戴维注意到：

讨论变得很激烈，尽管不是针对个人的（从他们上学的第一天起，老师就努力地帮助班级避免这种转变）。突然，帕特里夏在说"父母必须负责任"

的时候,使劲摇了摇头,陷入了沉默。她急忙跑到远处墙边的椅子上,坐下来,把头埋在胳膊上。一名与她辩论过的高个子女孩科妮莉亚走过去,用手抚过女孩的膝盖,问道:"你还好吗,帕特里夏?"教师厄尔也走过去,跪下来与她平视,问她是否还好。帕特里夏一直低着头,没有回答。与此同时,全班同学都回到了自己的座位上,感觉到发表意见的活动已经结束。

这一切都与我对那一刻的记忆相吻合,但我被戴维注意到的下一个时刻打动了,这个时刻很重要,但却微乎其微,以至于低于(或高于,视情况而定)我能够意识到的界限。在那堂课上,当我们进入下一个活动时,戴维注意到发生在帕特里夏身上的事情:

在这项活动开始后的一分钟左右,帕特里夏从手臂里抬起头来,跟着讨论并和其他学生一样做着笔记。她看起来显得平静而沉着。突然间,她打了个喷嚏。就在那一瞬间,科妮莉亚和教师都用温和但坚定的语气说"祝福你"。

当我读到这篇关于我课堂上的一个时刻的叙述时,我被戴维对帕特里夏打喷嚏这样一个微不足道的时刻所给予的关怀所打动。作为课堂里的教师,戴维对这个微观时刻的解释对我来说更具启发性。

通过他对见证的承诺,戴维能够发现在我的课堂上正在进行的复杂的情感动态,而这些完全超出了我的能力范围。我记得我隐约感到高兴/宽慰的是,"激烈的讨论"没有变成尖锐的或"恶意的",我还记得我感到高兴/宽慰的是,其他学生给了帕特里夏支持性的情感空间,她能够在独处一段时间之后重新进入课堂活动。

然而,我对那一刻的记忆和印象与戴维所呈现的小插曲相比,就像一幅印象派的池塘画和一张同一池塘的高清照片。戴维的简短插图和他的注释是一份礼物,让我看到了我以前没有注意到的课堂上的细枝末节:学生们可以通过复杂、微妙的芭蕾舞剧来辩论充满感情的观点,同时相互支持,或者当有人表现出情感的脆弱性时,学生们避免变得居高临下。对我来说,这个小故事就像一个感知模型,告诉我如何注意到课堂上的事情。一旦我注意到它们,我就可以开始质疑它们是如何产生的,或者作为一名教育者,我可以做些什么来进一步培养它们。显然,这推动了我作为一名教育者的实践,但它从未涉及任何形式的评分标准或教学检查表。

同样,我与戴维的单独谈话也帮助我注意到我在之前的教师实践中以前从未看到的层面。通常情况下,戴维会来旁听我的一两节课,然后我们会在我的空闲时间里见面交谈。(一些)谈话会被记录下来,戴维也会提供我们谈话的记录稿。我们的谈话是自由的,并且对我来说是非常独特的经历。我不断被戴维的无目的的、真诚的兴趣打动,即他想更多地了解我作为一名教师的身份。这种兴趣大大激励了我。我谈到了我为什么会成为一名教师、我的背景、我的职业的希望和挫折、我职业生涯中的重要时刻,以及我的总体教育理念。我从来没有和管理人员甚至是学校里的其他老师进行过这样的谈话。我想这并不是因为没有人对此感兴趣,而是在学校里,总有一些迫在眉睫的事情,迫使我的对话走向赤裸裸的权宜之计,从而忽略了个人的想法。

这很遗憾,因为在回顾我们的谈话记录时,我开始注意到我与戴维之间的轶事和信念模式。我作为一名教育者的形象开始浮现。我注意到课堂上的某些困境和窘境让我心烦意乱。例如,我回忆起与戴维有关的一件事,即在我教书的第一年(差不多五年前),一名学生辱骂我。

我开始思考为什么这件事对我来说是如此重要。最终,戴维为项目参与者提供了一个机会,让他们写一些东西,以尝试充实或追求我们在参与项目过程中出现的某些想法或主题。我选择了写这件事,这让我走上了一条富有成效的探索道路,去探究我带入课堂的一些基本期望。我是否期望我的学生对我的努力抱有感激之情?如果有一个互惠的期望,这能成为一个慈善的姿态吗?我的"慈善"背后是否有一种利己主义?这种思路进一步推动了我的实践,并且有机地源于一系列的课堂访问、谈话和写作的邀请。在戴维的鼓励下,我继续写更多关于我作为一名教育者感到困惑或挑战的文章,并且我开始把我的课堂视为对人类基本困境进行哲学探究的自然家园。

期待的音符

厄尔的思考让人联想到伽达默尔(Gadamer, 1984)所说的人类对哲学的"自然倾向"。在正确的支持和激励下,原则上任何人类都可以发现自己被意义、目的和价值的问题吸引。正如前几章所建议的,也正如厄尔所证明的,当教师对他们的工作进行哲学思考时,无穷的好处会随之而来。

下一章汇集了证词,包括来自厄尔和参加个人项目的教师的进一步发言。他们所讲的内容与许多教师的观点相呼应,这些观点已被印在自传、传记或研究报告中,以及录像和其他媒体的记录中。然而,我们能从他们的声音中辨别出的不同之处,这与见证的取向有关,并与教学作为召唤的核心主题并列在一起。这些要素提供了一种新的倾听方式。就像如果你看过一个课堂,就等于看过所有的课堂一样,也不是说当你听过一位敬业教师讲课,就等于听过所有的老师讲课。教学召唤是一种广阔的取向,它的语言,无论是隐喻的还是其他的,都永远不可能耗尽。没有两个被召来从事这项工作的教师会以相同的语调说话,就像他们不会以互换的方式教学一样。然而,我们仍然有可能理解他们的观点,因为他们的观点是对实践本身的回应,也是对与他们独特的学校环境相关的特殊挑战和机遇的回应。

对于见证者来说,正是通过教师的言行,我们才辨别教学中的真相,也就是说,它的道德构成以及它的术语是如何始终存在的,以满足教师并迫使他们进行清算。本书试图关注教学的真相,这构成了"一部阐述的作品"(Geerinck, 2011, 第 42 页),而不是表征的作品,因为语言可以表达而不仅仅是表征。换句话说,正如戈德堡(Goldberg, 2013)在谈到作为诗人的拉尔夫·瓦尔多·爱默生(Ralph Waldo Emerson)时写道,其目的是解除语言的僵化,将其从表征性的服从中解放出来。她说:"每一个词大概都包含这种潜力,这意味着诗人努力扭转语言的僵化趋势,使其重新焕发活力。诗人将表征世界的词换成表达世界的词。"(第 45 页)回顾之前关于将诗人的成就作为书面见证的规范性理想的评论,本书试图成为"存在的主要文本的伴侣"(Goldberg, 2013, 第 44 页),也就是教学的主要真实性。我希望能放大教师的品行,并以某种方式将其延伸到读者的世界。我能够在多大程度上成功完成这项任务,我们就能在多大程度上通过教师的言行看到教学。

我在早期关于教学的伦理层面的工作中阐述了一个类似的主张:我们可以学会用道德来看待课堂生活(Hansen, 2007a)。在那篇文章中,我发现自己引用了哲学家莫里斯·梅洛·庞蒂(Maurice Merleau-Ponty, 1964)写的关于他在法国拉斯科洞穴中遇到的著名的有着两万年历史的壁画:

画在拉斯科墙壁上的动物与裂缝和石灰岩的构造不一样。但在其他地方却不是这样。它们被推到这里,又被推到那里,巧妙地利用墙体支撑着,它们围绕着墙体展开,却从未脱离它们在墙体中难以捉摸的支撑点。我将不厌其烦地说我正在看的这幅画在哪里。因为我不像看[物体]那样看它;我不把它固定在它的位置。……比起我看到了它,我根据它来看或用它来看会更加准确。(第164页)

正如梅洛·庞蒂所建议的那样,观看可以是机械的:绘画仅仅是物体。但观看也可以呈现即时的变形:绘画是移动的、起伏的、辐射的。这两种模式都可以是即时的,并取决于观看者如何为这种遭遇作好准备(如果有的话)。正如本章所强调的,对教学和教师的见证必须处于一种或多或少持续的自我准备模式中。

见证的另一个特点尚未明确,但作为结语是恰当的。这方面涉及所有形式的见证,无论是在法庭上、在演讲中、在诗歌中,还是在像这里提供的叙述中:见证者在被他人听到、接受和承认之前,永远都是不完整的。见证者必须被传递和接受。法语词根 témoin 在 témoignage(见证)中的意思是"见证",但也可以翻译为接力赛中选手之间传递的接力棒。本书介绍的对教学和教师的见证是某种意义上的接力棒:对教学传统的表达和贡献,希望其他人可以接受并以自己的方式加以改造。

附言:见证与艺术

回顾一下为什么与见证有密切关系的艺术可以像科学一样有力地、令人信服地表达真相,正如任何伟大的小说、诗歌、电影或绘画的经验所表明的那样,这可能有助于阐明见证的本质。判断真相的标准在这两种情况下有所不同。在科学中,问题归结为共同的方法论承诺并直接建立在先前的研究上。在艺术中,成熟的技术也很重要,但也许更准确的说法是,艺术家用思想、想象力和手工(字面意思是手的工作)的取向或姿态工作,而不是用方法本身。此外,与科学不同的是,他们的创作不会取代以前的工作,而仅仅是出于对历史的好奇。毕加索(Picasso)并没有以某种包罗万象的方式取代其他知名的艺术家——比如凯特·科尔维茨(Käthe Kollwitz),或者格哈德·里希特(Gerhard Richter)。事实上,据说毕加索在第一次看到拉斯科的古代洞穴壁画时曾说:"他们发明了一切东西!"他也没有努力去复制其他画家的作品,这与科学不同。在科学中,可复制性是发现被接受为合理的一个必不可少的条件。像所有伟大的艺术家一样("伟大"来自揭示真相的能力),毕加索揭示了作为人的意义,以及居住在哲学家所说的人类状态中意味着什么。

这些熟悉的观点证明了见证和几个众所周知的教育探究模式之间的对应关系:现象学、肖像学、鉴赏学(与其密切相关的教育批评)和艺术探究。这种取向类似于现象学,它关注的是有时被概括为"存在于世界中"的基本标志和指数,在这里是指教师的世界。现象学方法涉及对人类行动的严谨、详细的描述,不是基于先验的假设或因果基础上进行解释,而是为了帮助他人感知生活经验中容易被忽视的具体性和复杂性(van Manen, 1991, 2015)。见证类似于肖像学,因为两者都希望以批判性同情的精神来呈现教育者的世界,并对这两个术语给予同等重视(Dewey, 1985, 第 127、128、155 页;1989a, 第 270 页)。肖像学试图从专业角度捕捉教育者"做正确的事"所做的努力(Lawrence-Lightfoot, 2005;Lawrence-Lightfoot & Hoffman Davis, 1997)。正如我所理解的那样,肖像学和现象学本身既不赞同也不反对所看到的东西。他们的职责是理解而不是评价。它们与假定教师赤字模式的社会工程研究不同,也与实际上的胡编乱造不同。现象学和肖像学阐释了教学的诗学(Hansen, 2004; Stillwaggon, 2016):教师的审美、道德和知识如何通过他们在课堂上做的最(看似)普通的事情得到表达。

见证的取向也让人想起埃利奥特·艾斯纳(Elliot Eisner, 1991/2017)所说的鉴赏能力,以及随之而来的精细化批评能力。乍一看,鉴赏可能意味着一种精英主义形象,即有钱的绘画或美酒收藏家。然而,艾斯纳对这一概念民主化,表明它如何指向一种人类的潜能,这种潜能同样适用于某一种艺术,比如管道、修路、拍卖飞机,以及进行教育探索。鉴赏力指的是一个人如何通过丰富的经验和思考,对某项活动产生丰富而细微的感受和理解。这种沉浸感反过来又使人成为对该活动有深刻见解的解释者和评论者,因此艾斯纳对所谓的教育批评的强调,反映了文学或艺术批评家根深蒂固的观点。同样,作为教学见证者的探究者必须对实践的动态进行经验性和学术性的密切关注。

最后,见证类似于基于艺术的研究(Barone, 2000; Barone & Eisner, 2011)。它这样做的部分原因是将艺术家作为纪律严明的调查的典范。正如所建议的那样,成功的艺术家并不比成功的科学家对主观印象和轶事证据更感兴趣。相反,他们非同寻常的专注,他们一贯的自我质疑,他们对呈现他们所看到的东西的承诺,他们对技术的掌握,他们纯粹的努力工作,以及更多的东西构成了信任他们的理由,其重要性不亚于科学家通过他们的方法所构建的东西。换句话说,科学试图解释,而艺术照亮意义。人类生活在意义之中并以此为生,包括他们赋予解释的意义。基于艺术的探究关注人们在生活中寻找、失去、创造、发现和渴望的各种意义。

这些教育探究的模式提供了关于教育实践的宝贵见解。它们扩大了研究的范围,证明了为什么社会科学有其价值,而不是对如何把握教育现实的垄断。这些模式响应了杜威(Dewey, 1971)的明智之言:"说出真相是所有人的责任,但不是所有人都有责任说出同样的真相,因为他们没有同样的真相可说。"(第317—318页)见证的取向不能简化为这里所讨论的其他形式(正如它们不能将一种简化为另一种一样)。正如我所建议的,见证的公开重点是伦理性,而不仅仅是认识论或审美问题。除了一些例外情况——如新教师如此优雅地开展工作,我们很容易认为他们已经做了很多年——见证需要对教学实践有一种亲密的熟悉,而这种熟悉需要时间来滋养。这种成就只能通过不同的沉浸模式来实现:在教室和学校里,在与教师的对话中,在阅读中以及更多的阅读中。

注释

1. 在《理想国》中,柏拉图将一种取向(这可能意味着重新定位)描述为包含一种"转向":"学习的能力与潜力本就存在于每个人的灵魂。眼睛不能不经过全身的动而从黑暗转向光明(518c)"。屈从于柏拉图的形而上学理论是不必要的,为了工作也未必要遵从这种颇难以抗拒的说法。例如,参见哈佛大学 Gordon(1991, 2014)。也可以参见 Barbara Comber 和 Barbara kamler(2004)关于两位新教师如何"转变"的描述(第199页注释),在他们看来,学生们是不可教的。他们从多次家访中发现,孩子们自有丰富的知识储备。关于教师以类似的方式和情景转变灵魂的个人描述,请参见 Sugarman(2010),她观察到,"如果我作为一名教师的主要伦理责任是加深学生对学术内容的理解,那么我必须学习如何降解学生阅读世界与阅读字词之间的张力"(第107页)。

2. 关于教师的风格,参见 Hansen(1993b)和 Oakeshott(1989);关于教学方式,参见 Richardson 和 Fenstermacher(2001);关于教学机智,见 Van Manen(1991, 2015);关于这三个概念的讨论,见 Hansen(2001b)。

3. 这些评论表示,并非每一个关于教学的主张都要授权或证明。认定测试教师是否善良对于教孩子是必要的,那就很奇怪了。每个学生应了解如何面对不友善的老师,并将此当作人生中重要的一堂课。仁心不是教师用来提高教学效率的"工具",而应作为一名儿童教师的道德品质之一。

4. Ralph Waldo Emerson 在一篇谈论诗人的文章中写道:"才情饱满的诗人就像街道上的一面镜子,时刻准备描绘一幅创意生动画像。"(引自 Goldberg,2013,第 47 页)Goldberg 这样描述爱默生的观点:"诗人从未出现在镜子里,即使他促成了诗句的转化,所以'每一个被创造出来的东西'都取代了他的'我'。"(第 47 页)

5. 我坐在教室角落里,偶尔用随身携带的小笔记本记录一些问题:你为什么在这里?为什么你不回到你的办公室阅读哲学——这么多伟大的东西需要学习啊!或者写文章,或者做学者们所做的其他事情?回顾过去,记录这些的一个原因是,我需要不断培养"见证"的能力,而不能仅感知课堂生活行为表面上的东西。

6. 这三个概念——共鸣细节、真正看到和 Jean-Luc marion(2002)所说的"饱和现象"(saturated phoenomena)之间有种家族相似。Brock Mason(2014)总结道:"经历过饱和现象的我受到了挑战。换句话说,形成性主体成为形成性证人,饱和现象强加于'主体',而不是产生它的条件。在饱和现象中,主格和先验的'我'成为宾格和被动的'我',即按要求表现自己。后一种饱和现象打破了自我的完满与优越性,通过脱离或与超越之我的主体需求相对立来挑战它。"(第 29 页)Marion 的观点和 Mason 描写一个人如何爱上艺术、文学或生物学等学科的情形,请参见 Gary(2019)。

7. 有关这一点的进一步讨论,请参见本章结尾部分的附言。

8. 在这个关键时刻,也许值得插入以下的经验。从童年起,我就常常听我的父亲和他的朋友们讲述属于他们的"二战"故事(其中许多令人不安),我试图"理解"士兵们在战争中所受的创伤。在我 20 多岁时(经过一段漫长的曲折道路,限于篇幅略过),许多同龄人都会被"一战"西部战线中的惨烈景象所震撼。最后,我觉得有必要"见证"他们的记忆,尽管我那时还不懂这一术语,于是我用一整个夏天,去到"西线"散步、搭便车、乘火车和公交车,从比利时海岸到瑞士边境,参观无数战场、军事墓地和纪念馆、大大小小的博物馆,和路上、青年旅社、露营地、户外市场上遇到的老年人交谈,谈论他们的父母在战争期间的经历。正如那无数沿着这条路线战斗、牺牲了的年轻人并没办法选择他们的命运,我也没有特意挑选这段旅程。这是一种召唤,回响至今未绝。多年来,这段经历鞭策我详细阅读有关"二战"灾难和大屠杀的学术著作、小说和诗歌。

9. 在未来的学习中,我希望再写这些人物时,能够以比目前条件更优的方式来处理,更加全面地见证道德和认知的复杂性。

10. 这本书中,我强调教师关心学生的工作或与之相关的事项。那些已经倦怠,或者已经"疲惫不堪",或者只是做得不好的老师呢?在第六章中,我会讨论对于表现不好的从业者和那些表现良好的从业者而言,见证为何能以其独特的方式奏效。

第五章 教师证词与教学召唤

"我参加了这个正念教育培训静修会,其中一项活动是第一天在房间里走来走去,握住人们的手并说一些正念的话,比如:'我看到你了。我在这里。'我握住的第一个人的手说:'萨曼莎(Samantha)!'这是我二十年前的实习老师!……而且,你知道,像这样的事情,你[可能]觉得它是一块水里的鹅卵石。但它会散发出来。"(I.33-4)

——萨曼莎,2—5 年级科学班,任教 26 年

让我以一句关于证词(testimony)的高度抽象的话语作为本章的开头,我希望在下文中表明,事实上证词是完全切合实际的。

证词由人与世间万物所见证。大写的"事物"(Things)不是指"物体"(objects),相比之下,"物体"是一个还原主义的工具性术语,如石头、动物、昆虫、植物、河流、人以及其他一切事物。事物最好被描述为"实体"(entities),甚至是"存在"(beings):无论以多么短暂的形式存在,它们确实存在于世界中,而不是不存在。他们在被界定之前就在这里了。人们可以试着把它们当作物体来解释它们的内部运作原理。但没有人能解释它们为什么会出现在这里。科学没有最终答案,因为这个问题超出了它的起源。例如,进化论提出这个问题,那么为什么进化论会在这里?宗教也没有最终

的答案，尽管人们已经转向这个方向来解释原因："这是上帝或众神的杰作。"但为什么上帝或众神会在这里？这些深不可测的奇迹是事物的运动可以即时向适应其存在的人表达意义的原因：它们是存在的，而不仅仅是它们是什么。这些经历都不能用太多的语言表达出来，也无法传达给另一个人。事实上，看到的人可能完全没有意识到他们自己的接受能力和协调能力。毫无疑问，读者们都认识一些人，他们对周围隐藏的意义震动很敏感。他们给我们留下了深刻的印象，让我们感动，震惊，有时甚至是不安。

与所有其他事物一样，人也是如此。他们为什么在这里？正如无数的哲学家、诗人、艺术家、儿童和老年人所证明的那样，这个存在的问题在召唤每个人做出自己的回答。你为什么在这里？既然你在这里，你将如何过好你的生活？你将成为谁，以及你将如何与世界上的其他人和事物共处？无论是否有意识，每个人都生活在对这些问题的回应之中。除其他事物外，教育构成对这些问题的意识之旅。这种意识首先出现在初级经验层面。随着时间的推移，它可以被形式化，或被公式化。这是一个次要经验。这个过程有时几乎是瞬间完成的；在其他情况下，它将会被拉长。对教师来说，意识到问题的力量有助于使激发教学召唤的使命感成为可能。

证词是见证者所看到、听到、感觉到、承认和放大的东西。正如我们在第四章所看到的，当见证者在世界上活动时，见证和安静的证词同时出现了。以不可预测的、不可计划的方式，某些姿势、动作、时刻会脱颖而出。它们会引起注意。在看到它们的那一刻，它们蜕变成共鸣细节。他们之所以如此是因为他们讲的是真相。这个术语不是主观的。它与俗语"我有我的真相，你有你的真相"不一致。这种说话方式在日常谈话中非常有用，因为对话者通常会掌握人们是如何使用这个短语的。但教学中的真相，如前所述，不是我的、你的或任何人的真相。它不是一种财产。它是使我、你和我们作为老师成为可能的真相。

　　本章的特点是通过与教师的正式对话，或通常所说的访谈，来获得动态的见证和口头证词。如第三章所述，我和两位博士研究助理对参与"个人项目"的教师进行了一系列单独访谈。我们安排了三次单独会议，与16位与会教师中的大多数人会面。在总共45次的访谈中，我承担了23次，其中包括几次项目后的对话。它们的共同目的是为教师提供丰富而开放的空间，以阐明他们的教学观点，他们作为教师的个人经历，他们如何教学和教学的理由，他们在进入实践前后所接受的正式教师教育，他们对这一领域的关注和希望，他们对理想学校的概念，以及他们在教育经历的变迁中对成为什么样的人和成为一个人的感觉。为了促进和支持对这些主题的思考，我们在三次访谈中都使用了事先准备好的问题协议。每次访谈持续约1小时，尽管有些甚至长达2小时。

　　根据教师们的证词，他们非常感激这些相遇。正如厄尔（Earl）在上一章结束时所说，很少有教师有这样一个持续的机会，即在正式场合，"大声"反思他们的工作和他们存在的原因。回顾这些对话，在我看来，它们似乎呼应了后一个术语的原始含义：与他人居住或相处。换句话说，这些对话为我们熟悉的"访谈"一词提供了新的含义。"Inter"是指之间，其中，在中间。它意味着联系、互惠、相互。当与"view"或"viewing"连用时，这个合成词意味着"在一起看"或"一起考虑"，既表示距离，也表示亲密。见证者和被见证者站在后面，共同审视教学——尤其是教师自己的实践和对它的看法——同时在同一时刻站在或置身于一种教学思潮之中。

　　尽管如前所述，我们手头有一个访谈协议，但根据我的经验，这些对话或者访谈是非工具性的。换言之，他们的指导思想是希望在他们将要指导的地方跟随教师的声音，而不是执着于获得符合先验解释性分析框架的"数据"。与长时间待在教室里一样,在这些访谈中,我与教师坐在一起的目的不是寻找职业感的预设指标,或者寻找成为一个人的意义。我的目的是伦理上的接近:纯粹而简单地与之相处。

可以肯定的是,我的陪伴并不纯粹是没有价值或缺乏内容的(参见第二章和其他地方关于偏见或预先判断的讨论)。事情也不简单,如果这个术语指的是与多层次和复杂化相对的简单化的话。但从见证的角度来看,听敬业的教师谈论他们的工作并没有什么不可告人的理由,也没有什么心机。原因在于谈话本身,因为这种谈话反映了任何社会中一些最重要的人的行为,即敬业的教师。对于这样的谈话,我们没有什么必须"做"的,从表演的意义上来说,就是把它"兑现"成"有成效的"东西。这种工程冲动有时似乎主导了我们这个时代的教育精神,它可能会破坏与证词在一起、留在证词中或受证词影响的可能性(参见 Estola 等人,2003)。见证者指出,面对所有这些力量,一次又一次地留意这样的谈话可能意味着什么——无论是教育内部还是外部——这些力量分散了对教师教学召唤和教学实践奉献的支持。

正如第四章所阐明的,留意意味着参与,搁置一个人先前的期望,去倾听,去等待洞察力,去承认那里有什么——并作出回应。这是一种伦理立场,而不仅仅是分析。它是主动的,而不是被动的;它没有什么刻板的"沉思"或"冥想"(关于在争取正义的斗争中沉思的主动性的延伸讨论,见 Rocha,2020)。无论是教师、管理人员、政策制定者还是研究人员,每个人都必须准备他们自己的证词,而不是假设他们完全有能力掌握其含义和意义。

教师的证词不能取代经验研究的结果——例如,关于更高的教学效率或更合理的评估方法——也不能取代政策。相反,它指出了两者之间的关系,在这种关系中,证词对作为伦理格式塔的教学实践以及从事教学的人和他们所教育的学生的尊严构成了一种基本的指导性影响。对教师和教学的见证是不可估量的见证,同时也是最具有价值的见证。

在下文的直接引用中,括号内的数字指的是三次录制和转录的访谈之一(注明为 I、II 或 III),后面跟着各自的笔录页码。为了便于阐述,我省略了大部分"呃""啊""像""你知道的"等,它们伴随着精彩混乱的即兴谈话(其中一些引用来自教师在我们两年努力的最后几个月里所写的文章,并将被确定为如此)。为了便于阅读,我冒昧地在下文中使用了章节标题。然而,读者会发现教师们的证词有相当多的重叠之处。这一事实揭示了为什么教学召唤,就像教学伦理实践一样,不仅仅是各部分的总和,也不仅仅是一种可以通过工作或职业获得的状态。这种召唤和实践构成了一个审美、智力和道德的整体,这一整体存在于日常工作中、通过并超越了日常工作。如前所述,教学真相是实践中固有的,不能包含在一系列范畴或命题中。借用乔治·施泰纳(George Steiner, 1987)的术语,教学中的这些真相构成了"远远超过其明显构成部分的意义总和"(第 144 页)。[1]

关于职业感

在这一部分中,教师们会评论他们与教学的关系:教学对他们意味着什么,他们如何在工作中定位自己,为什么他们会坚持下去。他们唤起了本书所强调的教学召唤这一术语,例如,在承诺中具有目的性,在与学生合作中具有回应性;感觉与比自身更大的事物相联系;在工作中保持一种内在的高标准;并在年轻人的教育中发挥关键作用的同时找到深刻的个人成就感。

玛丽(Mary),四年级语言艺术班:"有些事情我绝对是一名专家,有些事情我比其他人更了解……但我认为,(作为)一名教育者比(作为)一名专家感觉更流畅……我觉得我学的东西几乎和我教的一样多。因此,也许我所带来的一部分可能是专业知识,在某些方面关于八岁、九岁、十岁和十一岁的孩子如何进行学术思考。但是孩子在变,时代在变,我总是能从孩子身上或我的实践中发现一些新的东西。所以我认为,作为一名教育工作者,它让我能够,我不知道,它让我走在年轻人思维方式的前沿。"(I. 3-4)在强调有必要创造课堂环境,让她能够真正看到学生的思考之后,她补充说,她反复问自己的一个问题是:"如果我是班里的一个孩子,我想要什么?"(I. 8)

厄尔,十一年级英语班:"我认为[吸引我从事这项工作]的一件事是,这是不可能做到的……你不可能说:'好吧,我很好。'总是有很多地方可以改进。有很多的需求需要被满足,有这么多的,你知道,所有这些不同的潜力[在学生身上]都可以被实现。我从来没有觉得我到了一个自满或感到无聊的地方……我觉得我的能力在提高,但还有很大的发展空间。我喜欢这种感觉,每年我都会变得更好一点。我知道如何更好地处理情况或满足需求。但总有巨大的改进空间。"(I. 8-9)"我非常热爱这份工作,我无法想象自己还能做什么……我觉得孩子们很棒。我从和他们的互动中学到很多。我真的,真的很喜欢……我认为最大的回报是,它真的教会我很多关于自己的事情,比如在学校之外,我对宇宙的反应方式,我如何处理挫折,如何处理控制和宽恕的问题。在这些问题上,我从我的学生那里学到了很多。"(I. 23-24)谈到他如何看到他的学生寻找生活的意义,他补充说,"与学生一起工作帮助我思考我如何为自己寻找意义"(II. 26)。

蕾切尔(Rachel),一至四年级舞蹈班,七至十一年级戏剧班,书面记录道:"那是小学舞蹈班的晚间演出,六月中下旬,当时我们正在剧院里表演。四年级的学生刚刚表演完,他们的表演是当晚的最后一个节目。灯光亮起,各家各户开始陆续离开——场面嘈杂、珍贵而混乱。一个女人用双手抓住了我的一只手。这位四年级学生的母亲泪流满面。她没有告诉我她的名字,而是说出了她女儿的名字:'娜塔莉'(Nathalie)。娜塔莉是一个害羞、笨拙的女孩,身患一种疾病(我永远不知道是哪种疾病),迫使她的右手从手腕上折向自己,她的右脚踝似乎绷成一个相似的角度,这使她的步态不均匀;她的脸也呈现出不对称,这似乎有某种联系。不管是什么,我都不知道,这也没有影响我对她的期望或与她的互动。'她在跳舞!'她的母亲擦着眼泪对我说。'我的娜塔莉在跳舞!从没想过能看到她跳舞。'虽然我被退场场面和其他路人对我的祝贺弄得心烦意乱,但我记得我感到很谦卑。'我跟这件事究竟有什么关系?'有么一会儿,我觉得自己只是一个管道,好像我一直在引导我所做的一切。我觉得自己像个管道,只有当能量通过我从一个地方传输到另一个地方时,才会发挥作用。我觉得自己在服务,为那个四年级的女孩,为她的母亲,为我的邻居,为更大的事情服务。"

西塞拉(Sissela),一至五年级艺术班:"我不认为我实际上在试图'做'任何事情。这真的可以追溯到'这是艺术',我是一名艺术家,这是我喜欢的东西。这是令我充满激情的事情。我在这里的目标是与[学生]分享这种爱和激情。如果他被擦掉,那很好。我尽我所能,教给他们最好的技能,使他们能够感受到成就感。因为这对孩子们来说是件大事……我教他们,就好像这是,你知道,[艺术]101,他们是大学生……(她指的是几位老师抱怨过的一个孩子)你看到那个女孩了吗?……我带[她]和她的同学去了艺术博物馆。我在这个年轻女孩身上看到了如此大的变化。我们在博物馆,现在她正看着我。我是说,她的眼睛里充满爱。她[正看着我,用她的眼神]说:'你把我带到这里来。你把我带到这里来。'从那时起,她就是那些想来吃午饭并做点什么事情的人之一。她一直做得很好,如此专注,如此热情,如此投入。这对我来说就是这样。这就是我想要的。如果我有一个,但我有不止一个。但如果我有一个,那么我就做了一件正确的事情。"(II. 16 - 17)

乔伊斯(Joyce),K-1语言艺术班:当乔伊斯被问及为什么面对当前自上而下的"问责制"措施,她仍然坚持教学时,她回答说:"好吧,首先,我不想放弃教育可以有所不同的想法。第二,我不想离开我现在的职业或学校,我感觉自己没有全力以赴。你知道,我仍然在这里,因为我试图找到一种方式在这些强加的课程和项目下发挥创造力并享受与学生在一起的时光。因为这就是现在公共教育的真实情况。如果我离开公共教育,这个系统仍然会继续这样下去。有人会这样做,对吧? 因此,这并不能真正解决公共教育系统的问题。我觉得我仍在努力弄清楚如何将我的哲学和愿景应用到这种环境中。这是一个挑战:绝对是一个挑战。但这就是为什么我还在这里。"(I. 27)……在详细描述了几堂难忘的课程后:"这些你觉得你在一起学习的时刻,我觉得我在和我的学生一起学习:这是我的奖励。"(I. 31;原文的重点)

梅里特(Merritt),七年级和八年级音乐班:"我以为教学会容易得多。……但我一次又一次地打消了教学很容易的想法。在参加我的第一份教学工作时,我确实有点自负和傲慢,心想:'我是个聪明人,我能做到。'……但是教学技巧和教学直觉的发展——直到[3年前][我开始]在这所学校工作,我才成为一名好老师。我觉得我只是在继续成长……我读到过这样的观点:'哦,在很多支持下,你可以在一年内找到一名好老师,'但如果你认为'好'是指一个人的能力或能力的发展,那么你很多年都找不到一名好老师。"梅里特继续说道:"[在教学中]个人的奋斗往往是如何继续前进的奋斗。这项工作很累人。这项工作是无止境的。每天都有课程要计划。在任何特定的一天,任何数量的学生都会有很大的需求,会占用你大量的时间。因此,对我来说,作为一名任教11年的教师,我仍然在晚上和周末工作——很多很多时间——我的奋斗是还有很多其他我喜欢做和想做的事情。我总是努力找到时间,努力找到平衡。……这是一种平衡,我知道我不想要一个'专业',我想要一份职业。我想要一份真正能让我深入钻研、能让我不断付出并有所收获的工作。"(I.11,13-14)

"我把生活的很大一部分视为我的职业,那就是教学和教育工作。所以在某些方面,我的生活和我作为一个人与我选择做的工作是分不开的。……就像'工作和生活':我从来都不擅长把两者分开。有时候,我声称它[分割]是因为我回家后需要停止做学校的事情!"(II.26)当被问及他的同事和学生如何看待他时:"我会说,很有趣的是,我认为我的同事会用'聪明'和'疯狂的组织'这个词,即一个把事情做好并且脑子里有很多宏大计划的人。……当我们一起工作时,我倾向于说一些聪明的话。……学生们会说我在课堂上精力充沛。还有……我希望他们会说我对音乐真的很着迷,因为我试图给人那种印象。我真的很喜欢和关注音乐。"(I.15)

梅里特继续强调,与他对音乐和课堂教学的热爱并存的是一种社会承诺,这种承诺使他积极参与教师工会,与其他学校的教师团体合作,并为公众创作:"我认为这与从小就注意到的不公正有很大关系。这与同性恋、亚洲人在一个以白人为主的恐同社区[美国一个大城市]里成长起来有关……我认为,从这个意义上说,在我把教学视为我想做的事情之前,我已经发展成为一个人,因为我想改变一些事情。一旦这种交集发生,如果你生活工作的力量与更大的社会问题有关,那么教学就不再是一份工作。我看到很多教师在工作中都做到这一点,他们只是注意到了不公正,并选择对它做出回应。"(II.10)

特蕾莎(Teresa),幼儿园至三年级特殊教育班:"你知道,我有时觉得自己在[个人项目]中是个冒名顶替者,因为大多数人[我们的同事]非常想当老师,他们也考虑过这个问题。我感觉我有点陷入其中。但后来我发现我很享受。我喜欢它,而且我发现它适合我……我想我觉得它很适合我的个性。……真的,我觉得你很幸运能找到适合你的工作,而且你很乐意做。"(I. 43)"我喜欢看到孩子们沉浸在自己的小空间。……他们只是创造自己的小空间,你知道……我从中得到快乐。"(II. 25)"我觉得自己有责任。这种[感觉]让我想成为一名更好的老师,这也影响了我的教学,因为我试图发现孩子们喜欢的东西,对他们有用的东西,他们能做的并独立参与的事情。在一些较低[年级]的班级里,我讨厌那些准专业人士为他们做一切事情。这其实是没有意义的。我希望他们能够与材料互动。……这让我努力想了很多对他们有用的方法。我不满足于看到他们没有[这样的]经历。"(II. 26)

科拉(Cora),八年级英语语言艺术班,当被问及她是否将自己与学生之间持续的教育关系视为个人生活的一部分时,科拉倒吸了一口气:"哦,你在开玩笑吗?就像我一样——你无法将两者分开。因为我们所做的就是与人类互动。这就是生活。所以,无论你的哲学是什么——我的意思是,这是教学的福与祸:'嗯,无论你拥有什么,无论你在私人生活中有什么包袱或愿景或什么,都只在这里展示出来,因为你有140个不同的人[学生和同事],有意无意地按下不同的按钮,触发你在生活中经历过的不同事情。'所以说分离,说一个可以与另一个分开,往好里说是天真,往坏里说甚至可能对你的实践有害。因为你必须意识到你是谁以及你是怎样在课堂上被展现出来的。

你如何与你不同的人打交道,绝对会影响你在课堂上的表现。所以我放开控制……是我作为一个人成长的一部分……是成为一个更有思想的人,并意识到生活中有很多事情是我无法控制的。那也没关系……我想这可能就是我如此热爱教学的原因,因为这就是生活。我有音乐,我[在学校之外]还有很多事情要做,很多时候我并没有考虑学校[或]教室本身。但是,怎么会有分离……当你整天都在与他人一起工作,[而不是]只是'传授知识'……我不知道。这就是生活。我无法想象它是分离的,至少对我来说不是。"(I. 17 - 18)

海伦(Helen),八至十年级科学班:"如果我考虑到我与他人的互动,(教学)是相当强大的,也相当累人。……但是看着学生成人,并在人群中扮演一个角色,不知何故,对我来说真的很吸引……我认为只是与其他人互动,并成为更大进程的一部分。"(I. 20 - 21)"……我认为另一部分是拥有非常出色的同事,这些人与你有很大的不同,可以推动你的想法,他们也有相似的特点,让合作变得令人惊叹。我可以和那些非常独特的人一起工作,他们都是很好的人,他们来这里是因为他们想来,也因为学生。"(I. 21 - 22)

珍妮特(Janet),一至五年级艺术班:"我喜欢教艺术,因为我是一名艺术家,所以这是我一直在做的事情。我在看,在观察,我在以这种方式看待这个世界。因此,能够和其他人,我的学生们分享这些,真的很有趣。我非常荣幸能把这些传递下去……作为一名教师,我可能有一点'父母化'的角色,因为我作为一名家长,所以我倾向于在这里看到我的学生,而不是我自己的孩子,但是从他们3岁到11岁或12岁都拥有他们。这是一段长期的关系。我认为正因为如此,我对他们的成长和发展有一个长远的看法。在某种程度上,这也滋生了一种亲近感。"(I. 4 - 5)"当我走在附近的街道上时,经常有孩子向我走来,你知道,他们会说:'我在艺术学校上学。'或者:'我主修绘画。'或者:'我是做平面设计的。'或者我在做这个、那个或其他事情。我想,这不仅仅是我做的,但我觉得这里面有我的一部分。"(I. 17)当被问及她为什么一直留在这个领域:"我认为,至少在这个环境中,我有能力每

年重新审视自己。……这让我能够保持新鲜感,实行新事物,看看它们是如何工作的。"(I.15)

阿拉斯代尔(Alasdair),九至十二年级英语和社会研究班,写道:"钱是有用的,我一直努力确保我能得到足够的钱来做我想做的事情。工作培训和职业准备都很重要。来自弱势背景的学生需要额外的个人和集体帮助,以努力在资本主义经济中竞争。(我们也应该改变经济的基本分配和功能。)但是,如果学校把帮助孩子'成功'和'获得报酬'作为首要任务,那么没有人是赢家。教育的目标应该是帮助学生尽可能充实而美好地生活,并在此基础上发展真正美好生活的能力、人际关系、实践、理解等——也就是我们希望自己和我们所爱的人过上的那种生活。如果我们能够足够爱我们的学生,帮助他们开始生活得更深刻/周到/有意义,那么我们已经为他们做了很多,而不是仅仅指引他们走向更多的金钱和更肤浅的'成功'。……在我教学的第二年,我的一名学生死于车祸。上周,一位朋友以前的学生被一辆公共汽车撞死。我们希望他们有机会在生活中去体验更多什么?哪些时刻是我们老师希望能和他们共同度过的?"

莱纳斯(Linus),九至十二年级历史、科学和技术专业班:"我从没想过我能在一百万年后成为一名教师。但是我和我年幼的孩子们对学习非常感兴趣。……只是问这个问题,'学习意味着什么?'……如果你顺其自然,这个世界会告诉你应该做什么。我坚信这一点。"(I.6)

调和与同在

在这部分叙述中,教师们证明了前几章所阐明的"同在"的广泛动态。他们描述了为什么教学不是一项管理或工程任务。即使没有这么多文字,他们也强调了学生和他们自己作为承担教学中所体现的巨大责任的人的尊严。他们明确表示，这项工作不仅仅是扮演一个角色。相反，它以一种独特的、不可复制的方式占据着这个角色。他们证明了这项工作具有磁石般的道德吸引力：它如何将他们定位为学生生活中的一股向善的力量。与此同时，他们揭示了人类在课堂上的影响是双向的：他们的学生一次又一次地向他们展示如何为他们"存在"，尽管常常是间接性地。在他们的证词中，教师们证实了为什么这种实践同时是一种审美、道德和智力的事业。他们还揭示了与之相处的轮廓和节奏如何随着经验的积累而加深，从而使他们在日常工作中更广泛、更积极地参与。

科拉，八年级英语语言艺术班，写道："作为一名教师，我对我的学生作为'存在'更感兴趣。代名词。存在于不断运动中：他们不可能是'好'或'坏'的存在——这些形容词与这个词不搭。一个存在的进化和展现——有时很快，有时很慢，以至于我们直到多年后才注意到（或者根本就没有注意到）。我的每一名学生，作为一个存在，都在对无数刺激做出反应，并受到无数变量的影响，而我（也在不断地运动）只是其中之一。我不需要帮助他们'成为'任何东西，因为他们已经是。作为一名教师，我的工作是承认和尊重我的学生，为他们的所有行动创造空间（无论是在我的课堂上，还是在我力所能及的范围内，在'当今世界'），并在他们的道路上抛出问题、概念和精心设计的课程，而不需要我的投入就能在当天、一年或永远取得成果。谈到作为一名教育工作者，缺乏具体成果是我最难以接受的。但是，当然，当我们与人打交道时，没有所谓的最终结果。因此，放弃实现具体目标的需求是我作为一名教师的发展历程的一部分，我接受课堂上的存在和她自己，因为我们是：运动中的身体。"

在这里，萨曼莎［二至五年级科学班］提到了两年前她的教师教育课程中的一项课程活动:"这是一个[良好实践]的例子,对我来说非常非常重要。……它是关于儿童的真实描述。你必须从班上选出一个孩子,然后描述[他们]。基于描述性评论,[2] 它是松散的,也可能不是那么松散的,我当时甚至不知道。但是你必须描述孩子的身体,社会联系和关系,认知——你能想到的每一个发展领域。而你是通过做这些'运行记录'来做到的……就像你尽可能实时地记录当时的情况:孩子放下铅笔;他抓了抓脸;他要求去洗手间。你知道,什么都可以!

"然后,你要翻阅这些笔记,并强调所有与身体、心理和社交有关的事情。那是在文字处理技术出现之前,所以你把这些都复制下来。你最终得到了这些不同发展领域的描述集群。我记录的那个孩子,他叫伊莱(Ely),在我的第一所学校里。我认为这孩子太笨了,就像这样'被检查'。……在我的脑海里,我认为他不可能去教学,就像他没有那么聪明一样。他不关心,等等。我只是把他完全藏在盒子里。

"[但]当我做了所有这些[书面描述]后,我真的觉得:哦,天哪!这孩子正在理解周围的环境。他的模式是一致的。我忘记了具体细节。但我认为他真的非常担心人们对他的看法,所以他总是这样做,那样做。而在这个过程之后,我对他有了这样一种同情的看法。这就像:好吧。这是一个我不太喜欢的孩子。我最终认为他是一个很棒的人,充满潜力。……还有很多其他类似的经历,它们都非常有影响。而这真的挖掘了一个前景……不是要修正它们,而是修正你对它们的看法。"(I. 18 - 20,萨曼莎的强调)

厄尔[十一年级英语班]提到因一系列家庭问题缺课数月的学生在学年结束前8天返校的现象。"他走了进来! 我的第一反应是沮丧。我现在该怎么办? 他将无法通过国家考试了。这不公平。……但也许他已经经历了转变的时刻。也许这是个机会。也许他已经意识到。而且:我们有8天时

间。……也许可以换个角度看问题。也许这里有些东西我现在还不适应。"(III.3)

当被问及作为一名教师是否以及如何影响了她的为人时,海伦(八至十年级科学班)回答道:"我认为一个很大的原因是我一直和青少年一起工作。而且,有点像青少年的情绪波动。……你走进来,开始一段艰难的对话,然后 15 分钟后,你就有机会把事情说清楚。我的家人和伴侣都[对我]说过:'你能从各种情绪中切换出来,你对某件事非常沮丧,十分钟后,你就会切换出来。'我认为这肯定是从教学中发展起来的。在那里,它就像:'你和我在一起 xx 分钟。我已经提出我的观点。你要知道,我真的很尊重我们的课堂。'但十分钟后,我会给[学生]一个机会再试一次,比如改变我和[他们]的关系。……[或者]他们在走廊上和朋友发生了一些不愉快的互动,他们走进教室,非常沮丧。我说:好吧,这不是关于我,这显然是关于你的其他事情。……这并不总是完美的,但抓住那一刻[说]:你一定还有其他事情要做。还有什么?在建立关系和与他人互动方面,我认为这非常有帮助。"(II.23-24)

当被问及她对课堂作为一个"社区"的关注时,玛丽(四年级语言艺术班)回答道:"我认为第一件事可能与诚实有关。这要从诚实开始。在我认为错误的事情上责备孩子是没有问题的。……在某种程度上,甚至在公开场合,这是为了引起人们对某事的关注,但不做出判断。所以,你知道,'这不会让任何人不喜欢你,但你所做的事情很俗气。我们不会让你侥幸逃脱。所以你需要接受这一点。你需要对此感到有点不舒服。……也许你不能确切地认识到它来自哪里,但你要知道,大家已经看到了你所扮演的那个角色。我们也看到了你的积极作用。'

"而且要对这一点进行反思。要诚实地对待它。当孩子们很难诚实时,我通常会停止这些对话,在我认为错误的事情上责备孩子是没有问题的。这可能是我和孩子之间单独的对话。'也许你不能在社区里谈论它,但我会回到你身边,因为你需要,你需要稍微坐下来。不管那件事是什么。可能是你说了别人的坏话,也可能是你在桌子底下踢了别人一脚而我正看着你这么做。或者你对另一个孩子非常刻薄。这是怎么回事?我们得谈谈这个问题。'

"在场的每一个人都知道,我的目标始终是让每个人都感到安全……感觉你在这里有发言权,有选择权,我们会让你对这一切负责。你想要什么,下一个人也想要什么。你在其中扮演什么角色?作为一个个体,你在确保每个人都能获得同样的体验方面扮演什么角色?……在某些时候,你必须意识到你生活在与他人的联系中。"(I. 14-16,玛丽强调)

海伦,八至十年级科学班:"有一件事让我感觉很好,当它发生时,我为[学生]提供了一个尝试成为不同的人的空间。我认为这对青少年来说是很特别的。我的意思是坐下来和他们就一些科学概念进行一场超级书呆子式的对话。我不只是让它看起来'与阶级有关'。这[不是]我们的课堂和家庭作业或其他什么。只是真正坐下来,花五分钟和他们谈谈,把其他的事情都抛在脑后。就像前几天我在休息时间和一个孩子谈论考驾照的事情。我值班的时候,我们四处走走,聊了十分钟如何准备驾驶培训考试。"(II. 24-25)

西塞拉,一至五年级艺术班:"这些年来,最重要的变化可能是我拉近了自己和学生之间的距离……我没必要把我的个性挡在门外。从这个意义上说,我可以释放自己。……孩子们懂得我的幽默感。他们在正确的地方笑,所以他们显然知道我的幽默感!……这不是演戏,因为(那)行不通……我从来没有表演过,我只是一直很含蓄,我会保留一大块。我不是假装的,因为他们在一英里外就能闻到。但现在,我只是——让他们靠近了。我让他

们'进来'……他们感觉到了。他们是他们自己:他们把他们的人带进来,就在这里。"(I. 2II. 9 - 10)

莱纳斯,九至十二年级历史、科学和技术班:"我是一名喜欢讨论的老师。我想要这些,因为对我来说,这是生命线。……我们总是在与等级制度[控制]的观念作斗争,然后孩子们会反抗[它]。我想这就是为什么这么多年来,我越来越倾向于与班级融合,与这群人类融合。你知道,我们聚在一起。……我们来这里是为了尝试一起扩展我们的知识。……它正在经历全部事情,我们在世界上看到了什么?……参与讨论是一件很棒的事情,因为这不是'我有这个'(即'答案')。因为这个讨论也为我展开。我的意思是,尤其是他们的评论。当学生们知道他们应该真正说出他们的想法,并真正探索它时,会发生令人惊讶的事情。(I. 11 - 12)

"我把它们叫作'真实时刻'。我不知道那是什么意思。但那些[是]某人只是存在的时刻(II. 1 莱纳斯的强调)。……我的哲学就像,你是谁……在哪个教室里?除去所有作为教师[官僚主义]的哗众取宠,等级制度,无论它是什么。你只是那个房间里和其他人在一起的另一个人。你在做什么?……这是关于:我们如何在一起,在这个班级上,形成我们共同拥有的关于这个经历的叙述?……这是关于:我们能提供什么?我将要提供——我提供全部事情(I. 10,17)。……你知道我的工作是什么吗?我必须不断剥去自己的面纱,才能最终看到[学生]。……他们指导我[如何做这件事],就像我指导他们一样。"(II. 49)[3]

厄尔,十一年级英语班:"我认为人们听到'信仰'这个词,它就像,一个被政治权利征用的词。……当我想到信仰时,我认为这是一种对人类精神不确定性的信念。或者是相信行动有更大的意义,而这些行动可能没有明显的即时回报。或者不使用功利的计算来决定在特定的时刻要做什么,因为那总是一种诱惑。"(II.23)"每名学生都有自己独特的体验模式,这是不可复制的。当我想到学习的时候,我就会想,事情只能在它们能被同化到那个模式中才能被学习。而教学的技巧就是试图弄清楚这一点,通过已经存在的东西来达到'新'的目的。"(II.24)"教学的道德和精神层面非常重要,还有教学和智力方面,只是让人了解每天与这些学生在一起的意义。"(II.35)在谈到课堂上发生的见解或和解时,他认为无处不在的"优雅时刻"是:"你永远不知道这些优雅时刻将对某人产生什么影响。……我们不知道我们的行为所引发的累积因果链,这对我作为一名教师的思考很有帮助。"(II.34)

特蕾莎,幼儿园至三年级特殊教育班:"这就像将要发生的事情已经在进行中。……(所以)以优雅为目标。你不能阻止它,但至少你可以优雅地处理它。"(III.8)

珍妮特,一至五年级艺术班:"我真的很高兴能在一门学科(艺术)中,在这里事情真的只是需要花时间。油漆干了就会干。胶水要干了。事情会以它发生的方式发生。你知道,这与你是否赶时间无关。"(II.32-33)

对实践活力的挑战

教学实践并不等同于学校教育。后者可以理解为如何协商制度生活的社会化过程。在这方面,学校教育不同于教育。教育从根本上说是关于个人的形成,而不是主要关于社会适应。此外,制度的需求并不总是与实践的需求相同(Emmet, 1958; MacIntyre, 2007)。这种现实对于作为机构的学校和作为实践者的教师都是如此。一方面,学校包含着寻求教育的个体——尤其是教师,但是管理员、顾问和其他人都可以发挥有价值的形成作用。另一方面,学校也具有学校教育的特点:它必须找到可行的方法,让大量的人在一个狭窄、拥挤的空间里度过一天(Jackson,1968/1990)。结果是,效率和管理控制的问题会给那些渴望教育并真正与学生在一起的教师带来紧张感。

除此之外,教师还必须应对社会对教育和教师的态度。其中一些态度相当消极,反映了美国长期以来对正规教育价值的矛盾态度——正规教育被理解为培养一种反思、敏感和批判性的思维,同时了解当地和世界上更广泛的运作方式——而不是有酬就业的实际培训。此外,在某些情况下,教师的工作对象是那些得不到充分教育的儿童和青年,他们有时还面临严重的经济不平等、不安全的环境条件以及所在社区的其他问题。在我们的多次谈话中,教师们证明了教学作为一种实践和一种使命的完整性和可持续性面临各种挑战。

科拉,八年级英语语言艺术班:"我想过不教学……尤其是[学校里的]政治和……已经实施的考试制度……我在很多方面都对公共教育系统持谨慎态度,因为从历史上看,它有点像是为了塑造'好公民',让孩子们习惯听到工厂的钟声响起……我知道我在这个教室里创造的东西很棒,我也很喜欢。但我不知道我是宁愿在放学后做一个创意写作项目,还是在这个系统之外做一些事情,因为我花了这么多时间在这里与[它]战斗。……学生们的经历[可能]非常不人道……他们从一间教室赶到另一间教室的方式,[一节课]47分钟的时间安排来消化一个目标和浏览一份议程……[只是]这种我们对待孩子的制度化方式。"(I. 12 - 13)

当被问及担任教师是否存在制度或社会障碍时,莱纳斯(九至十二年级历史、科学和技术班)的第一个回答是:"恐惧是很大的。"他解释说,在他看来,系统中的一些人不断"收缩"自己,狭隘地看待自己的角色,无论是管理者、教师还是学生。他们害怕改变,他说。他们害怕冒险去"尝试新事物",更喜欢紧紧抓住尝试过的和已知的东西,所有这些都让他们更难成为一个角色中的人,而不是成为一个制度化的、同质化的角色占有者。莱纳斯通过描述几年前他和他的家人去附近的农村地区拜访朋友的经历来表达他的担忧,那里有一个充满生命的池塘,包括许多小蟾蜍。他的小女儿去了池塘,很快就跑了回来,举起她的小拳头,喊道:"我有一只蟾蜍!"莱纳斯让她张开手,让他看看,女儿回答说:"不!他会跑掉的!"但她立刻张开了手,却发现她已经把这个小生物的生命压垮了。"她开始哭了起来,"莱纳斯说,"她只是太难过了。"莱纳斯安慰了她,在回顾这件事时,他看到了自己对更大社会的悲伤,包括在他看来,社会限制和过度控制教育的方式。"我认为我们是一种绝望的文化。……作为一种文化,我们紧紧抓住不放。它在压榨我们的生命,压榨我们的生命本质——因为没有更好的说法。我们只是在坚持。"(Ⅱ.24,25)

西塞拉,一至五年级艺术班:"[教师评估]在某种程度上更像是管理部门,首先,在被证明无罪之前,你是有罪的。校方想让你明白是别人在管理这所学校,而不是你。你知道,猫儿不在,老鼠成精。事实上,我曾听一位管理人员这么说过。正是这种心态,教师们觉得:'嗯,这不是一个非常令人鼓舞的[方法]。'……如果你让人们尽力而为,并期望他们会尽力而为,人们会给你惊喜。他们不会让你失望。当你反其道而行之时,你知道,人们会感到反感,觉得自己不够格,然后他们就会给你不够格。但你必须对你的人有信心。你必须信任你的人。如果有一种'我们不信任你,我们不相信你'的整体感觉,那么它将产生影响。"(Ⅲ.7-8)

厄尔,十一年级英语班:"我最大的挑战一直是如何与一些学生进行真正有争议的、尖刻的人际互动。……他们带着'很多东西',我也带着'东西'。当你有这样的时刻时,会很艰难。我的意思是,这绝对是一个挑战,只是多年来都在学习如何处理这个问题。"(I. 16)然后,厄尔提到了他所谓的"自主性"的价值:"和自主性一样,就像需要感受到一种控制感和自由感。我认为当我用这些概念来思考我的学生时……事情变得更有意义,甚至有一些看起来不合理或自我毁灭的行为……我想到他们是如何体验学校生活的……我记得有一次我们在做全球(研究)时,我们谈到了纳尔逊·曼德拉(Nelsan Mandela)。我说,'孩子们,你能想象他在监狱里待了27年吗?'其中一个女孩举起了手:'好吧,我们在学校里待了12年!所以这其实没有什么不同!'……而另一个真正进过监狱的学生,他说:'什么!!?? 这一点也不像监狱!'我说:'谢谢你,德里克(Derrick)。'我当时[感觉]:请你,你知道的,向他们解释一下!然后他说:'这里的食物比监狱里的好吃得多!'这太疯狂了。"

"[但是]我想了想,这对我来说意义深远,因为我认为这有时是他们体验学校的方式。我的一些学生真的没有看到其中的艺术,或者他们没有看到更大的结果,他们经历过这样的事情,你知道,如果我的学生在上午10点在市中心散步,他们会被警察带走并带到这里。如果他们长时间不上学,社会服务机构就会出现在他们家门口,他们可能会被从家里带走。因此,当你开始理解义务教育的本质,以及那些被边缘化和被排除在某些机会之外的群体是如何经历义务教育的,你就会开始明白。比如,哦,好吧:'你只是把这当作一场权力游戏。你没有把它当作[一个]机会。'然后这就更有意义了:当他们第一次遇到你时,你基本上就是该机构的代表。……所以交易的一部分是——是的,以某种方式认识到他们可以是这里的人[厄尔的强调]。找到让他们有机会肯定自我价值的方法。肯定他们的自主意识。让他们成为学习过程中的主体,而不是接受者。因为这就是他们对自己的概念:他们在这里以这种非常被动的方式存在,并被采取行动。"(II.3-4)

厄尔强调不要袒护学生:"当我想到我的学生有时会做出毫无意义的行为时,我看到教师们试图吸引他们。比如他们会张贴这样的标志,上面写着:'好吧,如果你拥有高中文凭,这就是你会在生活中挣到的[钱]。如果你拥有大学文凭,这是平均工资。这是这个和那个的平均工资。'他们总是试图吸引学生的'理性的'个人利益。我总觉得这真的与此无关。这是关于自主性和价值的更基本的东西。当这些条件得到满足时,就不需要'理性的'诉求了。"(II.14)

阿拉斯戴尔(Alasdair),九至十二年级的英语和社会研究班,写道:"有时教高中生让我想起了我的[高中]舞会。贾斯汀(Justine)是我最好的朋友之一,也是来自法国的交换生,我和其他朋友在舞会结束前几分钟赶到了那里。一支慢舞开始——我试图掩饰我对这种愉快感觉的惊讶。她开始在我耳边轻声细语,我的半个身体变得温暖起来,弯着身子向她走去。她用她的法国口音说,'这太无聊了,不是吗?'

"在教学过程中,我经常从类似的倒塌的桥上摔下来。我相信我的课程为学生提供了发展其思想、灵魂、性格和洞察力的重要机会。他们似乎经常觉得我的课程,像大多数其他课程一样,让他们的日子更糟,成为一种拖累。对于这种情况,我们可以想出很多令人同情的解释——他们连续随机上七节课,只有一点午休时间。他们正在努力交朋友,想要表现得很酷,处理好长时间坐在椅子上的情况。所有这些都需要大量的认知能力。思考如何组织学校最大限度地减少这些干扰是很有趣的。如果目前的学校结构就是答案,那么问题可能是什么,这让人困惑。

"但我认为说出困难的部分也很重要。我鼓励学生做的部分事情似乎并不是他们想做的事情。我鼓励他们思考困难而真实的问题。我鼓励他们反思基本的哲学观点。我挑战他们目前对待自己世界的方式。我认为，想要过上好的生活——做一个完整而真实的人——我们必须反思、考虑和思索。而我的很多学生对这一切并不满意。

"我们生活在一种根植于种族灭绝和奴隶制的文化中，沉迷于肤浅的东西——娱乐、便利、不经思考的'成功'。我不想故作怀旧——这种情况已经持续很长时间了，我也从来没有和采猎者一起出去玩过。但如果你问我的学生，他们想要在生活中做什么——什么让他们的生活有意义——他们很少有话可说。我的学生想要有稳定的、理想的、地位高、薪水高的工作。他们不担心被电视、电影、电子游戏等分散注意力。我不认为他们中的大多数人喜欢读书、冥想、祈祷或进行深思熟虑的对话。我很好奇，在没有人为刺激的情况下，他们平均花多少时间来思考和感受。我想对他们中的一些人来说，可能是每天零分钟。我在努力安排共同深思的可能性，为空洞的生活——我的和他们的——增加厚度。在这种经历中，魔法发生了，房间通电了，我们的身体变暖了，我们意识到存在的方式和洞察力，从而加深了我们生活的剩余部分。"

教育中的人

个人项目背后的基本动力是思考在当今世界上作为一个人意味着什么，同时思考作为一个教师角色的人意味着什么。我们长达两年的努力产生了一系列难以抑制的回应，其中包括对问题本身的质疑（讨论见 Hansen, 2021）。一方面，这些问题可能显得高度抽象和无法解决：这两种印象都是有道理的。另一方面，这些问题指向问题的核心：在课堂里起作用的确实是人，而不是被称为"教师"和"学生"的独立对象。正如教师们所表明的，是人在教学、学习或失败（视情况而定）。

特蕾莎，幼儿园至三年级特殊教育："人们都有这种意识。他们会想自己什么时候会死。他们会想自己所爱的人。……只是世界上存在的层次和复杂性；(做人)不是一件容易的事，你知道吗?"(II.7)"我觉得［还有］很多工作要做……我可以一直做一个更好的朋友——一个更好的朋友，一个更好的姐妹，一个更好的女儿，一个更好的母亲。你知道吗？一个更好的教师。"(II.12)

科拉，八年级英语语言艺术班："［我］向学生提出问题，让他们能够以自己的方式，批判性地反思他们作为作家在纸上做出的决定，以及作为人在世界做出的决定。我的一项重要工作就是坐下来观察，并为其提供背景。谈到人性的普遍性和独特性时，这是她课程中的一个主题：关于这个主题，你真的无法得出最后的结论。在感觉自己是某物的一部分和感觉自己完全是独特的或孤立的之间，总会有那种紧张和波动。因为作为一个人也会感到很孤独。所以我在这里提出这个观点……这是我从教学中学到的观点。"(III.75)她补充了以下书面评论：

"例如，我喜欢文学，因为它具有普遍性。我们很容易认为自己的经历是独特的，有时也会认为自己是孤立的。我喜欢的文本是那些让我确信我所走的路是一条破旧的路，即使我的脚步不同。作为教育工作者，这种感觉只会更加强烈。看着我的学生与几十年、几百年或两千年前的人物产生联系，我感到很欣慰。它的核心是，今天在这个世界上成为一个人的意义，与当时在这个世界上成为一个人的意义并没有什么不同，无论何时何地，都是如此。"

瓦莱丽(Valerie)，八年级社会研究班，书面评论道："作为我八年级社会研究第一个单元的一部分，学生分析重建时期的成功和失败。作为其中一部分，学生们观看了一部名为《吉姆·克劳的兴衰》(*The Rise and Fall of Jim Crow*)的简短纪录片。其中有几张图片令人不安，描绘了诸如三K党等组织所使用的一些威胁、恐吓和暴力。当其中一张图片在屏幕上闪现时，一些学生咯咯地笑了起来。他们中的一个人立刻把我叫过去。'我只是笑了，'他说，'但我看到的并不好笑。我为什么要这么做？'基于这个问题，我们暂停了视频，并就我们对文本/图像/事件的情绪反应进行讨论。孩子自己真正关心的是，他的身体以一种他的思想无法容忍的方式做出了反应，他正在努力调和这些差异。正是在这样的时刻，学生们在探索和形成对自己身份的看法的同时，也在探索和形成对周围世界的看法，这让我思考课堂里的'人格'。孩子们能够反思是什么让他们生气、悲伤、焦虑等，从而加强他们自己与我们正在学习的历史相关的人格意识。"

在我们的第一次采访中，当瓦莱丽被问及学生如何评价她这名教师时，她回答道："我想他们会认为我是一个不怕解决深刻问题的人，不怕和他们谈论一些事情，比如种族、阶级、性别和移民身份问题，而且有人会推动他们在这方面的思考。他们会受到思考这一问题的挑战。……我以前上的那所学校比较传统，孩子们经常会对白人教师和他们谈论种族问题的方式感到非常惊讶，这种方式就像：让我们看看这个。让我们好好谈谈这个。我认为这种关系的建立要真正关注发生了什么，并保持批判态度，而不一定总是有正确的答案，这是[重要的]。"(I. 41)

卡洛琳娜(Karolina)，二至五年级语言艺术，写道："人格没有标准。除了我们共同的地球起源之外，我们没有任何共同的线索。没有任何规则。我们都是例外。(可能有人除外。)所以这意味着，作为一个不断与他人互动的人,每一次互动都是新的,不可重复的,不可复制的。你不能。这意味着每个人存在的每一个时刻(即使是独自在一个黑暗的房间里)都是新颖的,与其他人曾经经历过的每一刻都不同。以前你从来没有做过同样的事情。以后也不会再有了。所以要活下去。"

西塞拉,一至五年级艺术班,写道:"今天是我们春假后返校的第一天。我没有马上开始上课,而是问我四年级的第一个班,他们放假时是否去看电影了,他们开始大声喊出电影的名字。大家的共识围绕着最近上映的三部影片。《里约热内卢2》(*Rio 2*)似乎很受欢迎,所以我要求发表评论。事实证明,据我的学生说,这个故事很荒谬,但唱歌和跳舞很棒,而《美国队长2:冬日战士》(*Captain America*)的故事是经过深思熟虑的,但更适合成年人而不是孩子。在我们谈话的时候,我看了看时间,发现我们已经到了'迷你'课程的时间,所以我把话题转到基础的调色课上,这对大多数学生来说是一次复习。我注意到两个新来的女孩在密切关注,所以我指着色轮进行解释。

"我脑海中停顿了一下,然后我继续说,如果你看看色轮,一个颜色任意被标记为二级或三级。重点不是要匹配标记为'红-橙'的圆圈,而是要混合你想要使用的颜色。我解释说,当我混合颜色时,我想象出我想要的颜色和颜色的感觉,然后我开始混合它。根据我的经验,我对需要使用的颜色有一个想法,并且根据我头脑中的想法检查和微调新的颜色。颜色有无限种,颜色的名称也是任意的,因为我们关于颜色的词汇是不够的。一个学生提到灰色,所以我补充说灰色有无数种;你可能想加一点棕色让它'更暖',或者加一点蓝色让它'更冷',或者出于某种原因加一点黄色。我自己喜欢通过添加一些意想不到的东西来使我的颜色略微混浊。让颜色变浅或变深并不一定要用白色或黑色;同样,这是任意的。为什么我不能通过添加黄色使颜色变浅,通过添加蓝色使颜色变深,或者选择永远不使用黑色?我让学生混合颜色，并给它们命名，这些名字是他们在混合的时候自己编出来的。学生为他们的颜色想出了极具想象力和描述性的名字。蒙娜丽莎（Mona Lisa）的棕色是我的最爱。

"我写下这个小场景，是因为它包含了我们谈话中出现的几个主题［指的是在我们为期两年的个人项目的晚间会议中］，以及我对我们的问题的想法，比如时间、惯例和期望、教师的角色和评估等。时间是一个经常以各种形式出现的关键主题。具体来说，在这里，我很享受在所谓的'中介空间'中参与我们的电影讨论，这意味着我是如此专注于当下，以至于我既不关心也没意识到时间已经过去了。如果我被我们的管理人员观察到，我很可能会被评为一个不称职的教师。无处不在的时钟和时间元素在我们今天的生活中扮演着重要的角色，因为我们被驱使着将我们的一天分割开来，通过多任务处理或管理我们的日常时间表来'制造'时间，同时抱怨没有足够的时间或空间来'完成所有事情'。昨晚我坐在我家屋后台阶上时，我想，哇，这里太安静了。几分钟后，我意识到高速公路上车辆的嗡嗡声，然后附近的汽车警报响了。这些都是相对的，是的，是任意的，就像命名颜色一样。我喜欢蒙娜丽莎的棕色。"

莱纳斯，九至十二年级历史、科学和技术班，写道："我担任了两年的三年级班主任，这是我的第一个领导职位。我开发了一个'探索'课程，作为在为期一年的幻想探索中整合所有教学科目的一种方式。我不打算讨论课程的所有细节，只想谈论一个结果。作为课程的一部分，学生从我介绍给他们的一个村庄出发，开发了一个完整的世界，我把它命名为烛火（Candleflame）。我写了一个简短的故事，故事的开头是一个叫斯坦·杭布兰德（Sten Hangbland）的旅店老板，他在迎接他的客人，并描述这些客人在寻找、在探索他们生活中所需要的东西。在此基础上，学生用地图绘制了一片完整的土地,大约 5×7 英尺,我们把它贴在墙上,从这里他们开始写下他们的探索。每名学生在地图上都用一个图钉来代表,他们一边旅行一边移动地图上的图钉。当然,他们会碰到彼此,一起写上一段时间的信,直到他们需要分开寻找。最后,我们创作了一本班级小说,并在年底出版并展示给家长们。"

"不过,有一名学生在探索过程中只是与他人短暂碰面,或者完全避开其他人。他在专心地寻找。在他的家长会上,他选择分享的是他正在展开的故事,所以他大声朗读了这个故事。他的探索是找到卡萨丁沙漠的魔法沙;可以治愈内心的伤痛。寻找这些沙子是为了这个人物的父亲,他正处于难以置信的痛苦之中,而这人物想要把这些沙子带回来。当学生阅读时,父母开始哭泣,因为他们正在经历一场绝望的离婚,而学生在这个过程中有点像棋子。在这一刻,我仍然感觉如此深刻的是,这个学生在寻找沙子来治愈另一个人,他的父亲,而不是公开地治愈他自己。在我教过的不同年龄的学生中,我一次又一次地看到这一点。……这里有很多这样的例子……在难以置信的个人痛苦面前寻找治愈他人的方法。对我来说,这是人格的光辉一面。"

三思:教学中的激情与传统

"但它会散发出来",萨曼莎在本章开头的附言中的话,体现了我们所听到的声音中可辨的爱欲。教师们提到了具体的课堂时刻,他们谈到了重大的社会问题和担忧。他们阐明了产生职业感的多方面动机:对某一学科的热爱,对与年轻人一起工作的热爱,对社会正义和进步的承诺,对人类确实在成长和学习这一纯粹事实的好奇,以及找到自己擅长的东西并在教室里加以实行的持续满足感。

　　从某种意义上说,鉴于研究教师的大量文献,他们的证词并无新意。但正如一些教师的术语所暗示的那样,他们所说的每一件事都是新的,因为从来没有人这样说过,而且肯定不是来自相同的经验、观点和奉献精神。没有人能代替或取代另一个人独特的能动性和目的性。教师证词中的精神既说明了教学召唤对他们的意义,也说明了他们对实践中固有义务的拥护。他们为学生的教育福祉作出贡献的持久希望,从他们所说的具体事情和描述的具体事件中散发出来。他们的爱欲引起了对当下时刻的参与——以一种对未来的关心和兴趣,在一种最终有助于构成一种生活方式的连续性中——也就是说,对"我是谁?""我该怎样过我的生活?"这两个问题的回答。在我写这篇文章的时候,教师们要么还在教室里,要么在学校担任管理人员;有一位已经退休了,而另一位正在成为学校的辅导员。[4]

　　每位教师都在教学实践中振兴传统。他们以自己独特的方式接受并转化它。他们的话语和课堂行为辐射到其他教师的生活中,辐射到这本书的见证者,现也辐射到读者的意识中。这种动态的,总是变革的运动就是传统。它让那些致力于教育的人发出自己的声音:首先,用丰富的召唤和伦理实践的习语来说话。

　　有鉴于此,以科拉(八年级英语语言艺术班)关于传统在教学中的作用的证词来结束这一章似乎是合适的。她提到"整合"对她的哲学和教学实践的各种影响,包括她与文学的深入接触(根据她之前的评论),她与自己最喜欢的教师的经历,以及她观察并与之长时间交谈过的同事。她关于整合的概念让人想起传统的新陈代谢(metabolizing tradition),这是 16 世纪散文家米歇尔·蒙田(Michel de Montaigne, 1595/1991)的一个著名动词,用来描述他对教育作为人类变革的印象:"蜜蜂到处采花;但它们自己酿蜂蜜,这完全是它们自己的,不再是百里香或马角兰。同样,男孩也会改造他借来的东西;他会混淆它们的形式,以至于最终产品完全属于他:他的判断力,这种判断力的形成是他劳动、学习和教育的唯一目的。"(第171页)

科拉是这样说的:"这是一个教师综合体,他们真正影响我、真正触动我、真正给我留下深刻印象。想想为什么。这是一件'自然'的事情;这不是我仔细考虑我的老师们,然后从他们身上挑选我喜欢的特点。……我不知道,这[一切]都是通过我体内的这个小机器成为我的一部分。有些东西在里面发生变化,发生变形,有些东西还是原来的样子。所以这些影响都在那里,但它们需要通过我这个人来处理。……在你的第一年和第二年,或者至少对我来说,你要试着把你在PD(专业发展研讨会)中学到的具体东西付诸实践;你希望它们能起作用。而且它们的工作方式也不完全相同。当它是'非你'时,学生也会注意到。他们知道。他们能感觉到什么时候不舒服,什么时候你穿的西装太大或太小。……它必须通过你是谁的过滤器。……这是非常非常微妙的,不容易辨别出来。但我觉得这就是它应该有的样子。这就是它的含义——这就是真实的影响。它应该通过这个人来处理并成为他们的一部分,然后通过这个人的媒介来表达。我认为很多优秀的教师都能做到这一点。

"我12年级的政治老师是一位了不起的老师。他的性格和我非常不同。他非常保守。但他有办法提出[一个]有争议的问题,只是非常谨慎地把它摆在我们面前,只是把它摆在那里。他提出问题的方式,我们都被吸引住了……我不知道他是怎么做到的。他似乎并没有为此付出任何努力,尽管你知道他有这么多年的经验和思考——他完全知道如何提出这个问题,如何把它摆在我们'面前'。然后他会坐下来让我们讨论。他从不告诉我们他对这些极具争议性的问题的看法。一次也没有!我记得我当时对此很恼火,觉得'我想知道你的意见'。但我认为这会毁了它。因此,他吸引我们的方式是我试图去坚持的,就像我在他的课堂上感受到的兴奋一样。我希望我的学生能够感受到;只是找到办法,以正确的方式提出这个问题,或者提出后续的问题,直接触及事情的核心……我觉得他对我的影响很深远。

"我也想起了我的微积分老师,她的不同之处在于,她并不真正关心你是否[以公开的方式参与]。但是她很有条理,知道怎么把事情解释得非常清楚。她说话很得体。她真的了解材料并知道如何展示它。这也是我在展示更多基于内容知识的东西时所渴望的。……她从来没有真正和我们交谈过,我们之间从来没有真正融洽的关系。她保持着一定的距离。显然,我并没有真正从她那里学到东西。但是她的组织意识,她的计划,她知道如何通过一节课和一个单元使一切事情都真正结合在一起的方式……我记得我真的很喜欢她的课,即使我觉得在那里没有真正的个人联系。她把自己放在'一起',我真的很欣赏这一点。(科拉接着问另一位老师,最后说:'她种下了那些种子。')

"我觉得[这种影响]是一种随着时间推移被处理和整合的东西,并以有时我会注意到的方式出现:'哦,是的。'而且我想我有所有这些老师的一些特质:我很有条理,我知道我要做什么,并且学生们信任我。我认为他们相信我是一名知识分子,他们相信我是他们的向导。他们看到我,和我交谈,他们知道我知道路。但我想,他们也相信我希望他们能够推倒重来,开辟他们自己的小路……[我想让他们]觉得我真的在乎他们的想法,我真的在乎他们的意见,他们可以真正表达出来;因此我试图在我们所处的这种机构中创造一种自由的感觉。……我想这就是我如此热爱教学的原因。这是个很大的挑战。作为一名教师,和这些了不起的人一起工作,我学到了很多,也成长了很多。并不是说这很容易;并不是说这有时不会令人沮丧。但正是

通过这些困难和挫折,一个人才能成长为一个人。"(II. 35 – 43)

注释

1. 感兴趣的读者可以将本书中的教师论述与 1995 年出版的姊妹篇进行比较。在我看来,最突出的主题是连续性——尽管不是同质性——阐明教师吸引他们从事教学并心甘情愿坚守的方式是一贯的。

2. 教学伦理工作的生成形式中,一个由教师组成的小社群定期聚集在一起,首先听同伴大声介绍与一个或多个学生相关的特定课堂情况、困境或问题分解。然后,参与者轮流向其他同事描述各式各样的评论,从如何解决问题,到算度真实的构成和结构。尽管谈话大多围绕着具体的行动策略展开,但关照更大的教育目的和社会目标的想法不断发挥作用,这其中就有一个永恒的哲学维度。参见 Furman(2018)、Himley 与 Carini(2000)和 Kesson 等人(2006)等资料。

3. 有关莱纳斯的其他证词,以及他课堂工作的细致描述,请参阅 Hansen(2018)。

4. 根据我最近与《教学召唤》(本书是该书的续篇)中提到的四位教师的联系,他们都仍在教育领域工作——三位是纯教师岗或担任新教师的导师,一位是大学教师教育项目的负责人。

第六章　教学伦理实践的召唤

作为对我们刚刚听到的教师证词的补充,在这篇结语中,我将重新探讨教学召唤与作为伦理实践的教学之间的关系。我将回顾"伦理"在教学和当教师方面的多重意义。首先将处理这一问题：与工作、工种或专业相比,教师是否应该将他们所从事的视为一种召唤？第二个问题是召唤与伦理的关系如何影响教师教育的概念。我将展示如何将见证的理念创造性地融入到教师教育中,并且应当被视为一项长期的事业。我还将指出,为什么终身的教师教育——包括自我教育——如果与艺术和人文学科(包括哲学)更紧密结合,将会更明智,最终也更有效。

教学伦理的维度

与名义上拥有一份教师工作相比,教师什么时候真正意义上觉得自己是一名教师？是第一天？第一个月？第一年？是他们第一次埋首工作的时候吗？是当他们与学生共同参与学科活动和走进彼此,感受到教学节奏、回应的本质时吗？是不是当他像一位篮球运动员,第一次不用想动作,只管去做,欣然体验到篮球场上自己的路数定位为何？教师感受到"归属哪里"比字面意义更关键。此时,教师初步知悉同行者仍有他人,将与之结伴前进。

这样的认识是一种格式塔。它更全面,更具体,就像不仅仅是把篮球员看作知道如何运球,传球,投篮,在防守中移步。

同样,进入教学领域,成为一名教师,不仅仅是执行指令,意味着不止拥有 49 种技巧。世界上所有的技巧都不能造就一名老师,即使每一位教师运用了无数的教学技巧。教学不是一项工程。教学若是训练,机器可能比人类做得更好。教学即与人类伙伴一起借由学科课程、彼此的差异及想法保持动态互动。教学意味着同在——或者"接近",隐喻地说——学生的努力、失败、成就和未知可能性等等,这些都是前面几章所描述的具有综合伦理意义。教学不是一项诊断式、不带感情的事业。

与此同时,教师与学生需要保持距离,以维持他们作为教师在学生生活中的形象。教师陪伴在学生的教育道路上并非只有一条路。教师自有独特的教育人生际遇。教师下一年仍将回到教室,教过的学生却不会。但可能在之后的几年里,甚至一辈子师生都在互动,在这个过程中彼此关系甚至会发展出丰富的意义。尽管如此,作为一名教师,应只将一只脚踏进学生成长发展道路上,而不要试图把两只脚都踏进学生的成长轨道。任何年龄段的学生都可能拥有数不清的天赋,可能带来无穷无尽的快乐,但最好避免将他们浪漫化或异国化。无论年龄大小,学生在情感、道德和智力上都可能不成熟,如果教师和其他成年人不介入,他们的不成熟会对别人和自己造成伤害。正如一些过来人所言,人生的失望之一来自于回顾早期不成熟的自己,回望自己对待或回应他人的方式而感到惭愧,由衷希望当时要是得到有影响力的人介入该多好。

找到合适的疏离与亲密边界,对于师生之间及其教学实践建立有益联系是非常必要的。正如科拉关于她以前老师的证词所示,这里没有蓝图。可以这么说,教师可能更在乎他们的任教学科,而不是学生,反之亦然;两者都可能产生良好的教育影响。像科拉这样的老师可能同时等距接近两者。此外,并非每位老师必须无差别对待每一个学生和课程的所有要素。当同事们就学生、学科及相关事务进行研讨交流时,有的老师侧重关注那些对其教学充满热情并表现出色的学生,别的同事则更愿意把精力投入到那些可能(目前)厌学或缺乏学业动力的学生身上。两位老师因此而强调课程的不同要素亦是顺理成章。此外,在整个学年中,他们的角色很可能倒转过来。我想起了一句老话:没有老师能教所有人,但老师一定能教好一个人。[1]

正如我们所看到的,受命从事教学的教师都有明显愿意接受伦理上的邀请和挑战,致使教学成为一项人类事业。这种倾向可能自幼就形成了。它更近一些的源起,也许是由某位老师或其他有影响力的人星星点点的经验激发的。它可能是新生的,也可能要到教师进入课堂多年后才会出现,就像前面提到的,那时教师已经体会到这种感觉,并意识到(且为之感动)教育是没有回头路的。教学召唤以其独特的方式为每一位教师保留了神秘、优雅、惊奇和归属的一面,与此同时也保留了陌生、不确定性和未知的一面。

和教学概念一样,"伦理"也是一个古老的概念。英语词源上来自古希腊"ethike",指关涉共同体由近及远的问题。据其熟悉的含义之一,伦理是指处理好与坏、对与错的方式。它可以描述在特定共同体中发现的一套关于行为的指导原则或价值观。后者可以指一种职业,如法律或医学,就像众所周知的存在职业道德准则。伦理还与另一个概念"精神特质"(ethos)密切相关齐头并进,它指的是一个人或共同体对生活的直觉感受或取向。精神特质唤起了一个人或共同体的整体精神,他们的个性或特有的存在方式,几乎渗透到一言一行当中。人们总是以一种关联的方式谈及学校或教室、办公室或机构、家庭或操场的精神特质。一件艺术品,一座古老的废墟,一座城市,一个像哲学或科学这样的研究领域,都有一种精神特质。

如前几章所述，教学自有其独特气质，有其固有或内在的伦理。教学的基本承诺和行动具有复杂的、不断变化的特点，这些基本承诺和行动赋予了实践长久的特性和意义。可以肯定的是，它作为一种职业的历史被社会习俗打上了深厚印记。比如，社会意识形态总是根植于课程内容；规定教学上什么是允许的、可教的；限定学习评价模式；基于阶级、种族、性别、能力等对年轻人施以区别对待，等等。但是，教学召唤和将这种召唤带入生活的实践从来没有被简化为职业或功能主义的形式。教学不只是随波逐流，简单受社会习俗影响。相反，教学一直是有目的的，致力于对人类的感受和关切作出反应。富有想象力的教育开创者，如希腊的苏格拉底、中国的孔子、撰写南亚《奥义书》的思想家，以及在墨西哥构想纳瓦特（Nahuatl）教育的创造者；文艺复兴时期和近代早期大西洋两岸的教育评论家，如伊拉斯谟（Erasmus），米歇尔·德·蒙田（Michel de Montaigne）和索尔·胡安娜·德拉克鲁兹（Sor Juana Inés de la Cruz）；以及无数当代的思想家和教师——这些人开辟了新天地，绝不仅仅是遵循陈腐的惯例（Laverty & Hansen, 2021）。前人的声音被各自时代的教育工作者听到，也在我们这个时代回荡。当前这代人中，许许多多教师行为举止同样拒绝不加批判规行矩步。这在人类教育史上永远并非孤例。温斯洛·荷马画的是教师，而不是社会符码。

这种教育理念和行动的运动——由我们永远不知道名字的教师代代相传——构成了一种重要的传统，传承给今天走进教室的每一位教师。科拉能说出她许多老师的名字。我之前提到过我的一位高中老师，鲁茨基夫人（Mrs. Rudski）。许多学者和教育家记录了令人难忘的教师精神。这样的教师并不是凭空冒出来的。他们的老师大部分现在不为人知，在其形成职业观上留下了这样或那样的印记，或者相反，不经意间展示了教学不是什么,致力于为学生填补空白。后者也是传统的一部分,有助于解释为什么它是动态的:它的特点相当于内部对话和关于如何优质完成它的辩论。这种活的传统是气质的另一种说法。新教师的个人精神于此和教师的实践精神相遇。每个教师都必须建立自己与作业条件的关系,工作条件总是在那里满足他们。正如我们所看到的,这些术语的精神指向拓宽人类的视野,而不是窄化它们;丰富洞察力和反应能力,而不是使之贫乏;加深知识和理解,而不是使之肤浅。

这些术语就像指南针一样,提供方向和指导:这样是教学;那样不是教学(参考 Hansen, 2007b)。它们最具形式化的存在在于教师可以一次又一次地提出有益的问题。作为一名教师,我能否让自己与学生全面协调一致吗?我能给他们带来一种关于他们是谁、做了什么以及如何做人的生动的胜利感吗?我能否给他们带来一种生动的好奇感,让他们知道他们是谁、是什么、是怎样的人?当我被要求为教学辩护、捍卫它或倡导它时,我能否表现出一种对教学实践的关注?我能否把自己看作是一个能够帮助其他老师追随我的人,从而维持这项非凡的人类事业吗?

第五章教师的证词中可以看出,要回答这些问题,绕不过的挑战是,它们不是在一个社会真空中展开。与每个问题相伴随的是以下相关的问题:我如何在与学校工作的制度和职业限制进行谈判的同时,坚持规章条款?当各种政策削弱我的承诺时,当各种行政人员和同事可能讨厌他们的工作时,当一些学生因为我的控制或职权范围之外的力量而挣扎时,我如何保持承诺?在宏观层面上,面对社会中反复出现的反智主义,这种反智主义提倡好战的教条主义,并非合理的,我如何保持对这些术语背后的真谛的信仰,即教育攸关正义和价值观的对话?我该如何鼓励学生相信他们的学习——为他们的心智和灵魂生活提供动力——身处全球化浪潮贬低教育的价值之际,将教育简化为仅仅颁发证书和超越他人？我怎样才能保持平和的努力,直到变得成熟,能够理解这个世界包括无休止的困难和失望,以及源源不断地为学生成长作出贡献,从而让自己的生活充满意义和充实？

正是在这里,教学中的"伦理"意蕴,它作为一种伦理实践,一目了然。考虑下面的回顾。

召唤伦理

正如本书最初几章所述,在教学召唤中体现了一种创造性的伦理。教师要追求高水平的成就,而不是满足于快速和简单。这种伦理观有时会导致与个别学生、同事、管理人员、家长的冲突,有时还会引起教师自身的冲突感。无论是教师一方还是学生一方,身为教师都不会接受不努力、不关心、不主动、不自重。这种道德承诺是教学的基础。

尊严伦理

然而,教师应当谨记伦理实践的另一种意义:尊重学生的尊严,这是他们作为敬业教师自尊的必然结果。正如第四章所强调的,对尊严的持续承认是教育工作的中心。一位敬业的教师不需要用他们的标准来欺负或束缚学生。他们可以注意到——这是我们遇到过的一个重要的动作动词——学生当前关注的问题和处境,甚至是质疑他们以新的方式培养思维。随着时间和经验的积累,教师确信与学生之间偶尔出现的冲突是争执性的,而不是对立性的,并且不会永久地断绝彼此之间的联系。再回想一下科拉的证词,在她的结束语中,她希望她的学生"反击",并开辟出自己的"道路",尽管需要支持、激发和知识储备。简而言之,教师和学生不需要在教育和受教育的所有重要事情上始终保持"一致"。正如海伦(第五章)所说的,明天——或者有时是下一刻——提供了另一个有意义的沟通机会。这些要点进一步阐明了如何使工作逼近一种圆融的感觉,以协调、接受和响应为标志。

卡洛琳娜(Karolina)是一名参与"个人项目"的二年级教师(我们在第四章开始时就遇到过她,当时她教五年级),正如下面的简短叙述所表明的那样,她以擅长的方式与个性千花异彩的班级一起工作,阐明了对尊重的伦理回应。

卡洛琳娜所教的 27 名二年级学生,他们的父母几乎都是最近移民到美国的(大多数孩子都出生在他们学校所在的城市)。其中 8 名学生有南美血统,9 名南亚血统,3 名东亚血统,2 名中东血统,2 名非洲血统,3 名东欧血统。尽管他们有时会根据家庭出身的不同而聚集在教室里,但孩子们彼此之间交流很流畅。他们以一种国际化的思维方式参与成对或小团体活动,这种方式跨越而不是超越(Saito, 2010, p.334)民族、种族和其他身份标记(参见 Hansen, 2011; Kromidas, 2011a, 2011b)。他们似乎发现自己的文化和个人多样性很有趣,在卡洛琳娜的催促下,他们自发地交换了关于家庭、背景和个人兴趣的各种细节。

卡洛琳娜密切关注她的学生,用心地与他们交谈,这是我基于大量的教室访问和长时间的谈话得出的结论。她经常问候她的学生。也就是说,她不只是观察他们的外在表现,还以批判的同情来看待他们的所作所为。她鼓励孩子们,虽然没有过多地使用这个词,但她的确表达出对他们的信任。当她对一个没有完成任务或打扰别人的孩子说话时,她不会强制学生与她进行眼神交流,尽管她会要求他们做出回应,以便他们承认这种情况。卡洛琳娜通常只是等待和倾听。有人可能会说,她完全置身于她的学生面前,回应以前使用的一个"艺术"的术语。正如卡罗尔·罗德格斯(Carol Rodgers, 2020)所表明的那样,这种取向不同于"存在","存在"指指挥注意力的强大角色(比如,在戏剧舞台上)。相反,罗德格斯清楚地表明,作为一名教师,其存在构成了"个人或群体在特定的学习环境中,所具备的一种警觉意识、接受能力,及其在精神、情感和身体工作状态中的一种联结,以及对深思熟虑和富有同情心下的最佳下一步的反应能力。"(第99页)。

看看我在卡洛琳娜的教室里看到的下面这个小片段:

11月的一个上午,卡洛琳娜的学生们正在进行持续默读(SSR),这种练习占据了他们在K-5学校每个年级每天前45分钟左右的时间。卡洛琳娜的学生从她的教室图书馆中选择了一本书。每个孩子读课文时,房间里很安静。

与此同时,卡洛琳娜把每个人都叫到她的办公桌前,一次一个人,回顾他们正在写的"现实主义小说"——国家强制性学术要求的主要内容。孩子们选择主题,使用多种资源,并定期与卡洛琳娜进行咨询,同时坚持国家所谓成功写作标准的指导方针。

班上一个7岁的男孩金(Jin)坐在她旁边。他脸上流露出期待和兴奋的表情。卡洛琳娜开始分享她对他所创作的作品的看法和判断。金专心地听着,眼睛睁得大大的,不时抬头看着她,而她则用手指在他的页面上滑动句子。他似乎沉浸在她说的话中,他明显表现出感兴趣、好奇,也许还有骄傲。卡洛琳娜也提出了问题,并在他回答时抬起头看着他,他的腿在椅子下摆动,身体前倾,双手抓住座位。他们来来回回。在他们长达10分钟的咨询结束时,卡洛琳娜评论道:"这真是一个很棒的想法!当你继续读下去的时候,你会得到更多的信息来进一步拓展思绪。"

卡洛琳娜在一对一的辅导中似乎进入了一个独特的教学"区域"（Zone）。她耐心、安静、热情地与学生交谈。她坐得离学生近但又不太近，给他们空间做手势、弹跳、摇肩膀，以及其他所有 7 岁孩子做的事情。她努力创造一个有意义的对话，而不是简单地对她的学生讲话。她在评论中反复提出问题，旨在帮助他们用写作、阅读和数学的语言表达自己。"你为什么要那样做呢？""嗯，你真聪明！""你怎么知道的？""如果这是你想做的，你认为你接下来要做什么？"

简而言之，卡洛琳娜在她的工作中展现了一种知识和道德的取向。她尊重孩子们，把他们当作有尊严的人，坚信他们有思想，有爱心。她充满睿智活力，鼓励学生以一种反思和自律的方式来接近学科问题。和他们在一起时真心实意地交流。在我访问期间，她不止一次突然迅速地转向我，眨眨眼低声说："这是世界上最好的工作！"或者"她太棒了！"正如她在一次采访中所说，当被问及为什么她在这个行业待了 13 年：

> 每天和一群我真正喜欢的人在一起……我喜欢她令人困惑的一面（她指的是找出如何最好地帮助学生的方式）。我喜欢她的人际关系。我喜欢我做的事情，她让我在一天结束的时候感觉很好，我感到为世界作出了积极的贡献。那感觉真的很好，当老师在情感上、智力上、精神上都满足了我。这很有趣。(I. 6)

卡洛琳娜有时无法为这样或那样挣扎的孩子找到合适的话语或正确的策略。并不是所有的课堂教学都如她所愿。根据她自己的证词，她渴望找到她所谓的"精神时间"（the mental time），充分思考这 27 个年轻人在每一天都需要什么。她的职业道德——努力接触每一个孩子，尤其是那些在学业或情感上有困难的孩子——给她带来了持续的不确定性。她感觉到了在体制所创造的环境下教学的悖论：工作有时似乎既可能又不可能。

然而，在某种程度上有一个本体论的维度，承载着卡洛琳娜工作的道德和智力向度。简而言之，卡洛琳娜允许她的学生通过他们的社会、文化和作为人的独特体质来表达他们的人性。她创造了一种条件，在这种条件下，同学们所做的不仅仅是在表面上遵循典型的学校惯例。相反，在卡洛琳娜的教室里，他们可以展示自己的思考、感受和好奇。当孩子们用7岁小孩的语言表达自己的真实想法时，卡洛琳娜乐于激发他们的灵感。她描绘出他们对生活的真实感受：他们在哪些方面做得好，哪些方面做得差，以及他们希望做什么。她对孩子们没有说出口却明显渴望引起重视的方面做出了回应，那就是发自内心地，而不是死记硬背地，参与到由书面文字、口语和数字所代表的伟大神秘的世界中去，所有这些都是他们每天在卡洛琳娜的教室里遇到的。

卡洛琳娜无处不在的支持——她对学生尊严的持续尊重——间接或直接地表达出来，如下面的小插曲所示：

  10月的一个上午，我坐在教室常坐的角落里，靠近孩子们挂外套和书包的长长的敞开的壁橱。年轻人刚刚上完数学课。卡洛琳娜指示他们排成一排，准备沿着走廊去上艺术课。我跟在后面。卡洛琳娜把我介绍给美术老师罗伯逊。我在侧墙边坐下。卡洛琳娜回到她自己的教室。

  罗伯逊女士（一位50多岁或60岁出头的白人女性）用一种一开始让我感到震惊的吵闹的、多嘴的声音，向学生们演示如何在纸上剪出星星，并将它们适当地塑形，这是制作一幅天空图的一部分。在提供了详细的指示后,她告诉孩子们去工作,在他们共用的桌子上已经摆放好了用品。

然而,很快,很明显,有些学生没有理解她的指示。他们不确定地环顾四周。有些人模仿同学的做法。与此同时,罗伯逊女士四处走动,指出特定的材料,并提醒个别学生该怎么做。当她走近卡西姆时,卡西姆抬起头,睁大不解的眼睛看着她。"怎么了,"罗伯逊女士问他,"你还不明白吗?"卡西姆继续抬头看着她。他的脸和探索的眼睛表达了一种渴望理解的强烈愿望,但也表达了焦虑(正如我之前发现的那样,他还在学习英语,似乎被这位美术老师的风格所困扰,这与他习惯与卡洛琳娜相处的风格不同)。罗伯逊提高了声音,现在几乎是在对卡西姆大喊该怎么做,而他只是一直抬头看着她,困惑、痛苦,但却毫无办法。他似乎紧张得一句话也说不出来。

突然,坐在房间另一头的另一个7岁男孩哈林德,头也不抬地用坚定的声音说:"他听不懂你说的话。"罗伯逊愣了一下,然后用低了几个档次的声音向卡西姆重复了一遍她的指示。就在她这样做的时候,卡西姆的邻桌鲁比转过身来帮助他完成这项任务。罗伯逊已经指导二年级学生独立学习,但她没有打断鲁比:她感觉到了空气中的变化。在这整个过程中,哈林德没有从他的工作中抬起头来,而是忙着自己的事情。

我不得不提前离开60分钟的美术课,在走出大楼的路上经过卡洛琳娜的教室。她正坐在书桌前。我向她简要报告了所见所闻,提到哈林德和鲁比是如何在他们的同学卡西姆被困时介入的。卡洛琳娜的脸上突然露出了深沉而严肃的微笑。"哦,这真是太好了!"她说。"孩子们就是这样相处的!"当我离开大楼时,我思考着他们彼此相处的方式似乎反映了她在他们面前的样子。

根据这本书的调查,在我看来,像卡洛琳娜这样被召来从事这项工作的教师,不太可能对学生漠不关心,或把他们视为有缺陷的人。通过各自的经验和承诺,教师更有可能看到学生正以自己所知道的最好的方式过着他们的生活,即使这种方式有时伴随着困惑、挣扎和疯狂的不一致。正如我们所看到的,教师的职责是提供教育资源、条件和挑战,最终帮助学生过好自己的生活,也就是说,用好他们所掌握的观点、知识和情感。这些术语是伦理的核心,同时也蕴含着不同的认知维度,它们突出了尊严的生动性。(稍后我还会谈到罗伯逊的行为。)

自我修养伦理

教学作为一种伦理实践,另一个因素与教师为满足其工作要求而不断提升自我修养有关。"自我修养"并不意味着通常理解的"自助",尽管它与现实中层出不穷的自助文学有相似之处。这句话本质上是战略性的,旨在提高个人的效能感、创造力、平衡感、内心的平静等,所有这些都着眼于实现个人成功。自我修养也是战略性的,但带有一种独特的伦理色彩,重新配置了自我和修养的概念。这种将伦理视为自我修养的观念有着悠久的历史,并且与被理解为生活艺术的哲学密切相关(参见第 3 章)。例如,这一传统可以追溯到古希腊、希腊化时代和罗马的"自我练习(exercises of the self)"(在古希腊语中是 askesis),在许多语境中,这些练习的目的是帮助一个人形成一种和谐、平衡和沉着的世界观。这些自我修养的练习激发了对智慧的尊重,而不仅仅是效率和个人成功,并且理想地导致了在生活中所有事务的明智行为。

皮埃尔·哈多(Pierre Hadot, 1995, 2009),一位研究这些古老习俗的代表性学者,称它们为"精神练习"(spiritual exercises)。他指出,精神并不完全是既定宗教的来源,就像我们在第二章看到的,灵魂可以指向与宗教本身无关的东西。更确切地说,精神可以指一种反思思维的模式,生动的想象,和一种细心和敏感的感觉——一句话,一种气质。哈多指出,古老的自我推理、分析、思考和提问的练习,并不是激情的培养——在这种情况下,激情被理解为不固定或不受约束的情感——而是感觉,一种情感、自我意识和对现实的意识的综合动态,一个人在其多方面意义上的位置。精神练习的目的是对人,对其性格产生变革性的影响,因此,修炼的概念意味着朝着我前面提到的与他人、世界和自己建立更丰富、更广泛、更深入的关系。[2]

正如哈多等人(Cooper, 2012; Foucault, 2005; Nehamas, 1998)表明,在古代的生命学派中有大量的自我练习。它们包括深思熟虑的、系统的阅读艺术,尤其是在哲学领域;也包括诗歌、历史和其他今天被称为人文科学的领域。这本书的主要目的是让读者了解有关心灵工作的活生生的例子——诗人或评论家是如何思考的,以及他们是如何接近和回应人类现实的,不只是不加批判地效仿。相反,对作者的批评是一个重要的组成部分,但所有的精神都是"我不知道这位思想家知道什么,也没有他们的经验;让我好好倾听,然后再判断它对于我如何生活的启示。"

另一种自我修养的方式是自律的、自我反思的写作,或"自我写作"(self-writing)。[3] 人可以每天进行这样的写作,也许是早上的第一件事,或者是晚上的第一件事。与一些日记或日志形式不同,这里的目的是严谨的自我检查和自我批评,包括作者记录和反思的看似微观或无关紧要的事件。这时人会用同情、批判和道德的眼光来"研究自己"——也就是说,他们会关注如何作为一个人来提高自己。在这一章的后面,我将谈到当时另一项重要的伦理实践,即与同龄人就如何过上一种公正而有价值的生活进行深思熟虑的对话。

由于塞涅卡(Seneca)、爱比克泰德(Epictetus)和马可·奥勒留(Marcus Aurelius)等人的开创性著作,以及无数个人和团体将其作为生活的一部分,这些自我道德修养的练习以不断发展的形式一直延续到今天。(例如,哈多和其他人展示了这种练习对后来修道生活的强大影响。)在过去的两千年里,它们被无数著名的作家所采用,其中包括米歇尔·德·蒙田,他在著名的《随笔集》中令人惊讶的自我审视,激发了后来的作家进行自我追问,如拉尔夫·沃尔多·爱默生、弗里德里希·尼采、西格蒙德·弗洛伊德、弗吉尼亚·伍尔夫和许多同时代的作家。这些作者证明了另一种自我修养的道德练习是阅读别人所做的这样的练习。[4]

我曾遇到过做这种练习的老师。一些人写诗讲述他们的工作和生活,试图重新审视他们的世界,保持新鲜,而不是成为陈腐或倦怠的教师。另一些人写日记是出于一种自我修养的精神,同样也不一定是名义上的,但却是真实的。还有一些人在课余时间投入到音乐或其他艺术中,体验快乐、放松、无拘无束的玩耍等,他们报告说,这不仅是持续的,而且间接地形成了自我,就像培养新形式的力量和承诺带到课堂上一样。我们以前见过一位老师,厄尔(Earl,11年级英语),他每天早上来学校时,首先要布置教室,然后静静地坐着读几页费奥多尔·陀思妥耶夫斯基(Fyodor Dostoyevsky)的宏伟小说。当我问他为什么要进行这种日常仪式或练习时——这是我作为个人项目的一部分去他的教室参观时注意到的,他回答说,在他即将遇到他的学生之前,它生动地提醒他,同学们多方面的人性,他自己的人性,这样他们就可以理想地在教室里作为人在一起,而不仅仅是一个角色的居住者。

厄尔的习惯可能听起来不同寻常。但是,许多所谓的教学常规都可以转变成自我修养，如果不单是从语言上细究（不同于全面的伦理练习）。例如，考虑一下当学生进入教室时问候的方式，与他们在课堂上交流的语气和基调，以及用心对有关事项给予反馈。这一切可以是繁忙的工作，也可以是毫无意义的工作，或者所有这些——取决于教师的心态——可以慢慢构成或形成教师角色中的人。这一点反映了第一章所强调的令人欣赏工作的细节，不是作为偶然事件或干扰，而是作为教学的主要事件的一部分。

不像今天的许多自助励志文学，苦难构成了道德自我修养的一个内在方面。例如，快乐也是一种奇妙的体验，它让我们对人生的意义有新的认识。但是，正视自己的局限性和缺点是很难的。以一种自我转变的方式改正错误很有挑战性。放弃对自我的理解和对世界的理解可能是痛苦的，这些迄今为止似乎是可靠和不容置疑的。这些任务在不同程度上都是道德修养的组成部分。印扎尼·巴塔查吉（Indrani Bhattacharjee, 2020, 第125—126页, passim）是正确的，在我看来，如果教师要证实他们是有目的的、不可互换的实践者，而不仅仅是可替代的工作人员，他们就需要进行这种自我养成。这样的努力可以成为塑造他们自己的教学和工作的关键因素。它可以与他们所教科目的持续学习以及新的教学方法的研究联系在一起。我们在召唤和教学实践中听到了命令性的回声，如前所述（见第5—7页），这不是任意的或强制性的，而是作为一个教师随之而来的。

教学常被描述为一门艺术。但教师也可以巧妙地经营自己——甚至把自己当成一件正在制作中的艺术"作品"。教师可以按照这里所描述的方式来研究自我，这与教学的见证者如何研究自己产生共鸣，恰恰是一个见证者，而不仅仅是旁观者。这种观点促使我们重新思考我们熟悉的"教师准备"（teacher preparation）一词。从这本书的观点来看，为教学做准备需要一个不同于目前占主导地位的职业框架的方向。我将在下一节讨论这个主题。

教学召唤与教师教育

回顾第五章的一个术语,教师的道德修养"辐射"超出了他们自己的行为范围。它增强或具体化了教师可能的影响,波及其学生,及其在教育系统中遇到的每一个人。总之,培养人,就是同时帮助培养教学实践本身。伦理的自我修养不是凭空产生的,而是以实践为前提,正如我们所看到的教学的召唤一样。再一次,人、职业、实践三者之间的有机联系生动地凸显出来。

伦理的自我修养有助于形成自我认识:教师对他们的动机、他们的工艺和技术意识、他们的激励目的和目标以及他们基本的爱欲进行深入洞察。它可以丰富他们的情感:他们的协调、反应和机智。与此同时,它可以加强教师的自我批判能力:更加注意那些可能在不知不觉中妨碍他们从事公正实践的成见——也就是说,在学术上挑战学生的同时,要有意识并重视学生的尊严,基于此采取行动(后面会详细讨论这一点)。

这种自我认识,伴随着伦理练习中隐含的自我教育,不同于通常的教师教育相关的内容,无论是为准备进课堂的候选人,还是为在职业生涯中取得了良好成绩的实践者。常见的教师教育理念强调的是在学习的轨道上培养技术知识,以达到国家和地方的标准。这从学校为其员工举办的众多研讨会的标题中得到了很好的体现:"专业发展"(Professional Development),亦是教师们所称的 PD。正如书中所论述的,教师的教学知识和技能是不可或缺的,精心设计的专业发展事项理应占有重要的地位。但正如我们所争论的那样,教学召唤不仅仅意味着工具性的高效措施;从这个角度来看,它也呼唤着对教师教育事业的重新想象。

这断然不是要为教师教育项目制定新的指导方针,所谓的新事物是今天饱受压力的教师教育工作者最不需要的,因为他们已经被来自上面的众多指令性要求所纠缠。当召唤的语言和伦理实践与见证的理念结合在一起时,它提供了一种看待他们已经在做的事情的新方式,着眼于揭示迄今为止在成见之外的意义和可能性。换句话说,这不是增加新活动的问题,而是在已经进行的活动中挖掘伦理和职业潜力的问题。这一过程可能会导致项目活动的改变,但这将是自下而上的,而不是强加的,从候选人、同事、课程和学校合作教师的直接接触中开始。

教师教育中的伦理对话

伦理自我修养与教学实践建立有机联系并不是一项个人主义的事业,即使它的发展取决于单个教师的开放和主动。我在这本书中所描述的与我一起工作过的敬业教师们证明了另一种古老的自我伦理实践的价值,即与同行专注和坦诚的对话。这些教师谈到,拥有值得信赖和信任的同事对他们的幸福感十分重要;这些同事可能在同一所学校,也可能不在同一所学校;可以与他们讨论最现实的关切和希望,也可以与他们一同保持作为教师的基本爱欲。这项任务的一部分是学习批评和推动对方,防止彼此变得片面或盲目。教师不仅可以从彼此身上寻求安慰和肯定,还可以寻求有尊严的挑战。[5]

有时在文献中看到的同类术语是"教师团结"(teacher solidarity)。我并非在公开的政治意义上使用这一术语,尽管对于动员教师行动而言至关重要,就比如在罢工中它是必要的。相反,我想到的是露丝·海尔布隆(Ruth Heilbronn, 2013)如何提醒我们,团结一词的根源指向"与他人站在一起""与他人亲密无间"和"与他人捆绑在一起"等概念。海尔布隆

(Heilbronn)展示了这个词与"同志"(住在同一房间的人)有着词语上的家族相似性,这又与多种语言中出现的"同志"一词重叠,意思是值得信赖的朋友。敬业的教师们所指出的这种团结的根源是什么?这可以追溯到这个词的原始含义:共用一个房间(room)。无论他们教授什么年龄段或学科,各地的教师都共享教学空间,亦即共同参与教学实践。他们可能在教学动机、具体工作内容、理论和工具资源、工作地点和合作伙伴等方面存在显著差异。但是,仍有一种隐藏在背后的真实存在,可以称之为"统一而不一致"的团结感,是这个星球上长期存在的一种实践的成员,这种实践的起源可追溯到学校和大学的机制诞生之前。

这些术语与之前的评论相呼应,即为什么在学生与课程和世界的互动中,教师与学生在一起构成了教学的伦理中心。海尔布隆向我们展示了为什么与之在一起——或者用她的说法"与之亲密无间"——也是教师教育的伦理核心。她指出,对于教师教育者来说,

> "亲密无间"包含两个强烈的道德要求。第一个是责任,引导教师做好准备,以便在一个需要学习很多技术性知识的环境中管理学校和优化学校教育过程和实践。第二是要表现出与这些教师"亲密无间"的"团结",这意味着不掩饰、掩盖、回避,也不为了争论而面对由他们的教学意识所产生的困境,在审计驱动的时代,教学是一种职业,一种与他人相处的召唤。这两条训诫要求与矛盾共存,并引导从教教师在矛盾需求的空间中生活,看到这种"双重约束"的本质,能够清楚地表达困境并理解与之共存的可能的痛苦处境。伦理取向的教师教育者应该帮助教师们习得与矛盾相处的方法,防止变得麻木不仁。(参见 Sherman, 2013, 第 35 页)

矛盾的来源之一,或者某种程度的紧张,是召唤与职业之间的区别。正如我们所看到的,教学作为一种召唤有其自身的道德律令,这反映了教学实践的道德要求。教学作为一种职业,反过来也规范教师道德上的义务和责任。如前所述,这需要相当大的技巧、耐心、自我控制和耐力适应这个竞技场。据我所知,没有一个老师能想出完美的方法来化解所有这些紧张关系。相反,他们必须学会将失败视为不可避免的,对他们所做的事情并非决定性因素。

教师教育工作者可以帮助候任教师,以及与他们一起工作的熟手教师,正式认清一项职业和从事具有丰富传统的教学实践之间的差异。这些差异随着讨论深入浮出水面,并提供宝贵的视角,比如讨论与学生的关系,教学技术,课程决策,评估方法,教师-家长的关系,以及所有其他的。新教师或有经验的教师可以学会在两方之间换位思考:职业和实践。他们必须遵守职业的规定、条例、要求和职责。他们也可以坚持教学作为一种伦理实践的旨归和自身的职业意识。我们可能会说,教学的艺术,再次呼应这个熟悉的比喻,归根结底就是活学活用两套术语,一方面谨防成为一名"应声筒"似的官员,另一方面不要成为一个不负责任和反复无常的人。

如果讨论直达教学召唤的理念,教师可以更流畅地处理这种紧张关系。这不是强迫教师有一种职业感的问题,就好像他们从一开始就被期望有这种感觉一样。教书不一定要发誓,不管是对自己还是对世界。无论是从"拯救"他人的意义上,还是从无私服务的意义上,这都不是一个传教项目——好莱坞电影对某位魅力非凡的教师进行过讽刺。教书并不是一项英勇的任务,尽管它确实需要持续的精力和投入。这是一种伦理实践,它利用并可以挖掘出教师最好的自我——最周到、最专注、最敏感的自我,也许这个自我比他们通常认为的自己更好。一种使命感可以促进这一切,但不需要成为一种被安排的目标宣言。

尽管如此,向每一位潜在的和已入职的教师介绍这个想法仍然是无价的。首先,这样做可能会释放教师们初生的爱欲:在教学方面真正触动他们的是什么,他们认为最有吸引力或最吸引人的是什么。他们自己以前的老师或其他出现在出版物、电影、博客等方面类似的人是有教育意义的。这些例子说明了为什么认真对待教师的角色是从教者本身的一个关键组成部分。似乎每位教师都不断地面对这些问题:我和这个角色的关系是什么?对我来说这是朝九晚五的工作吗?一门艺术?一种生活方式?是天职,还是中转站?还有什么其他不便描述的吗?

"个人项目"中经验丰富的教师之一莱纳斯(Linus)(九至十二年级课程,融合历史、科学和技术),当他回忆起他曾经几乎离开教学去做行政工作时,证明了这些问题的分量。几年前,他在一次采访中解释说,他参加了一个研究生课程,获得了成为一名学校管理员的证书。他的理由有两个。一方面,他的同事们早就对他说,他具备成为一名优秀管理者的"潜质",还有几个人强烈鼓动他跳槽。另一方面,莱纳斯和他的妻子已经决定,他现阶段需要获得额外收入,既可以维持他们的家庭开支,也可以更好地支持两个马上要升到高等教育的青春期孩子。

然而,从一开始考虑这些问题,莱纳斯就陷入不确定。"我觉得我没有在课堂上学到我能学到的所有东西,"他指出,"我仍然没有"(III.16)。培训项目的第一个学期让他不安加剧,以至于他意识到继续下去是错误的。莱纳斯最终向全力支持他的妻子解释说,他对要不要放弃这个机会感到矛盾,因为这样做将迫使家庭开支上进行一些重新调整。"但我说:听着,如果我这样做,教学就不再需要我了。我会变成另一个人,我说过我不确定我想这样做。"(III.17,强调补充)

这样的见证对于教师候选人和正实践的教师的价值并不在于莱纳斯是一个榜样。相对而言是他与教学关系的伦理深度，反过来它影响了他本身。这一特点并不意味着他已全身心投入到这项工作中。正如他在访谈的其他部分所说的，他喜欢生活中的许多其他事情，比如他的家庭、烹饪、锻炼、做木工等。然而，正是通过他对工作的投入，尤其是在学校和与学生在一起的时候，教学已经成为了他的一种职业。此外，根据他自己的证词，当他和他的学生一起工作时，他不是一个父亲、竞技者或木匠，他是一位老师——他的整个存在伴随着他，包括其他角色对他的情感和精神状态的影响。

莱纳斯的伦理体验对普遍认为教师职业发展"平淡无奇"的说法提出了有益的批评。从职业的角度来看，这种说法当然是正确的。教师就是教书匠，当然，也有一些基于学校的选择，比如成为一个学术部门的主席或成为同事的导师，同时减轻教学负担。然而，从一种召唤及其相关的伦理实践的角度来看，所谓"平淡无奇"的主张忽视了教学中的潜在意义，或者换句话说，忽视了作为一个人在角色中的意义。从我所指导的"个人项目"中，大量教师的证词、研究者的访谈研究以及教师发表的叙述来看，很明显，许多教师在中小学校，以及在大学，继续工作的深层原因，即他们总是推进人类的问题不断走向深入，研究人是谁、什么是——以及可以是——生活在社会世界中的人。他们不断加强教育与这些主题紧密相关的多元化理解。对于任何致力于这项工作的教育工作者来说，这种美丽的、形成性的教育实际上永无止境。

教师职业的高流动率经常被报道，它可能反映了这样一个事实：在令人沮丧和感觉失败的报道之下，许多年轻教师从未被明确介绍要为其角色投资的想法。如果他们像莱纳斯和其他教师那样，不把教师的角色视为一套自上而下的工程任务——许多学生会抵制这种去个性化的形式，因为在各方面产生疏离感——而是一种召唤,一种非同寻常的邀请,通过服务于正处于发现和形成自我的年轻人,将会发生什么呢?令人惊讶的是,莱纳斯和其他许多敬业的教师一样,一次又一次地提到,作为一名教师,他每天都要与其他人进行具有教育意义和启发性的对话,不管学生有多年轻。(回想之前卡洛琳娜的证词:"每天花时间和一群我真正喜欢的人在一起。")正如莱纳斯在我们的采访中证明的那样,他的学生言简意赅地"教"他如何帮助他们。当他遇到学生时,他不是像学校里的大多数老师那样不知所措,知道如何与自己的教育建立建设性的关系。他看到学生是谁,就像看到自己是谁一样:一名教师。[6]

教师必须有使命感吗?从伦理和道德上讲,主张把一种使命强加给某人是矛盾的。从专业上讲,说一个没有这种使命感知的教师不能把工作做好也是不准确的。正如我们所看到,许多教师在对工作的性质、节奏和挑战有感觉时,也逐渐产生了一种使命感。尽管如此,我强烈鼓励教师教育者和教师们深入研究这个想法:面对面地了解一种使命意味着什么,同时把教学作为一种实践有何现实价值?这与教师生活的基本质量利害攸关,因为对他们来说,工作构成了人生旅程的重要部分。

参与这些主题研讨的结果可能是令人恐惧的,至少在短期内是这样。也就是说,这个过程可能会产生不确定性和不安:"嗯,我到底是个什么样的老师?"或者"什么样的老师可以给我其他的任务?"或者"我是什么样的人?"这种焦虑反过来可能引发挫败感:"我很忙;我为什么需要这个?我能胜任我的工作,这就够了。"懂得教学的召唤也可能引发困惑、怀疑或疑惑:"这都是鼓舞人心的,但考虑到我们今天的教育现实,它有多大可能?"或者有些老师和管理人员根本就不关心根本性问题:"在这种情况下,我怎么能这样做呢?"

所有的回答都应该成为道德对话的一部分。它们给本书的整体分配施加了一定压力,同时也推动教师和教师候选人真正思考在角色中成为一个人的问题,而不是某种可互换的功能性存在。[7] 我不会重复对这些问题有多种回答,我只是重申这些答案不是一次性的。也就是说,这里所涉及的问题不能一劳永逸地解决,因为它们指向困境而不是问题(Burbules & Hansen, 1997)。问题是有解决办法的。困境只能以更好或更坏的方式来解决,而不能消除。我在这本书中试图讲述的关于教学的召唤,以及教学作为一种实践的术语,为教师提供了我认为更好的方式让他们参与到教育的现实中来。的确,这是我所知道的最好的方法。但是,每一位教师教育工作者和每一位教师,每天都要以自己的方式出现,同时也要和志同道合者一起,面对工作中的困境。

培养教师的个人标准

回想起厄尔每天早上读几页小说的习惯,正规教师教育的另一个宝贵的伴随物是业余爱好培养,对每个候选人或教师来说,他们曾受到某类艺术经典作品的激励、鼓舞、提示甚或挑战。小说、诗歌、绘画、音乐作品、电影等都可以这种方式变得生动起来。以自发或集体的方式,教师教育者可以与学生和学校的同事讨论课外时间用于"娱乐"与涉及个人准则的伦理自塑之间的差异,如此使后者成为可能。娱乐可以让大脑放松下来,有助于消除疲劳。但娱乐本身通常不会产生自我充实或耐久的体验。这一点并非说教的(或"反对玩乐")。修身养性的练习,无论多么断断续续地进行,所能带来的远不止是放松,不要说它们还能满足人的需求。它可以推动教师更充分地进入生活本身,引导他们更好理解在学生、同事、管理人员和学生家长的陪伴下所过的生活。

当我在伊利诺伊大学芝加哥分校(University of Illinois at Chicago)担任中学教师教育导师时,在我教授的预备课程中,一个充满活力的时刻是,我让每一位候选人参观该市著名的艺术学院(对学生免费)。我邀请他们参观画廊,直到他们意识到自己在某件作品前站了一段时间,并且思考为什么自己停在了路上。然后,每个人都要给一小群同龄人上一堂关于艺术作品的短课,评论艺术作品的影响。我会参加所有这些活动。无论将来是化学、英语、历史还是数学老师,候选人们体验了一件艺术作品如何让他们大开眼界,助力在生活中变得更加协调和敏锐。有些人将这种经历描述为改变人生的经历。这种练习可以用所谓的"发现艺术"来进行,这种艺术是由家里、办公室或街上随机找到的材料组成的,甚至可以从城市人行道裂缝中的杂草(某种顽强的生命形式)悟到。通过这样的练习,我发现,教师从环境中受益匪浅使自我发现成为可能,也就是说,意识到自身尚不自知其存在中的那部分的敏感性和能力。

教师养成有意义工作的个人标准需要一定程度的独处。教师教育者可以提醒候选人们,独处并不等同于孤独;事实恰恰相反。把时间花在引人注目的艺术作品上——小说、绘画、音乐——就是和那些最初使这些作品成为现实的有创造力的人在一起。这种人的相伴令人惊叹,它反映在长期以来有关人文学科和博雅教育价值的主张中。一位评论家曾经说过与 17 世纪哲学家布莱兹·帕斯卡(Blaise Pascal)相呼应的一句话,自由教育的标志是能够独自坐在房间里,不受干扰。教师不需要正规的博雅教育来培养这种能力:从某种意义上说,创建一个关于自我的工作坊,从那里赢得成为自己的绝佳契机。[8]

伦理实践、道德教育与自我修养

再次引用本书前面说过的一段话,教师在学校每一分钟都是在从事道德教育。每句话和每个行为都可以潜在地表达出什么是好与坏,对与错,值得赞扬和应受谴责的价值观。这是真实的却并不意味着教师必须如履薄冰。不过,它提醒教师在日常工作中培养学生的感悟力、专注度和责任心。

日常的道德生活不同于明确的道德教育,例如,关于正义、权利、人格等的正式讨论和课程。与其他成年人相比,教师处于一个非常独特的位置,可以让学生认真研究社会正义、由不同的生活意识形态引发的社会紧张、环境可持续性、人类与其他物种的关系等等问题。无数的新式课程和教学方法涌入教师的世界,帮助他们就这些重要的主题进行教育。此外,今天有一些老师被召来从事这项工作,因为他们想要提高对这些主题的关注。

虽然全心全意地赞同这些关注的重要性,以及它们在当今世界教育总体规划中的关键地位,但本书的意见是,它们需要放在教学作为一种伦理实践的背景下进行。人们对于社会正义、民主、环保、人权等的迫切要求,可能会使教学的召唤和伦理实践的要求变得次要。但这绝不是最"重要"的问题。问题首先是教学,是成为教师。如果在教师、学生和学科的联结中缺少一种伦理精神,那么精心设计的公民或环境教育课程背后的希望将无法实现。正如我们所看到的,这种伦理精神是来之不易的,需要在整个学校经历中持续关注。

致力于实践的术语(即,培养一种生成的气质)就是在最广泛层面上为有意义的教育创造基础。没有这些基础,就没有土壤来播种让世界变得更美好的想法,或者难有任何意义生成。无论是学习 $2+2=4$,这里指数学是一门精妙的语言,还是理解为什么种族主义、性别歧视和其他形式的歧视是人类自由和繁荣的祸害,每个人都可以在消除它们的过程中发挥一点作用。这里没有非此即彼的问题,否则就是缺乏对日常教学的深度认识。从这个角度来看,正式的道德教育假定某种伦理实践的背景,涉及激发多种社会意识。如果没有这个基础,道德教育可能会在不经意间演变成社会工程。

克己慎独与社会意识

近年来,教师教育的学者们一直在呼吁关注白人教师,注意种族主义和种族偏见的遗留问题(参见 Borsheim-Black & Sarigianides, 2019; Paris & Alim, 2017; Sinha & Rasheed, 2020)。这与鼓励所有教师警惕性别歧视、恐同、阶级歧视和其他非人道的偏见是一致的,任何一种偏见都可能损害学生的尊严,从而使各种形式的不公正永久存在。克己慎独的理念与这一迫切要求是相辅相成的。

正如第二章所述,一个宝贵的解释学见解是,所有人在任何时候都受到的偏见或先入之见的影响。不带偏见与现实打交道几乎不可能,正如不存在凭空而来的观点,回想一下熟悉的谚语:风景这边独好。然而更重要的是,一个人最初的偏见不是一成不变的。经历和教育可以使人意识到,通过与他人的互动,可以缓慢改变或消除偏见,它们最终归结为道德难题,如有关他人尊严的识别与对待。这项任务可能需要保持警惕。如果没有经验和教育改进根深蒂固的习惯可能沉渣泛起,特别是如果一个人改变了处境,但缺乏后续经验影响他消除这些习惯性偏见。[9]

克己慎独本身可以自成一种习惯的结构。一个人变得有偏见,可能是在一种赋权的意义上维护自我。教师自省的同时也会质疑最初设想的教学、学习、评估等。正如这里所强调的,对教师教育者和教师来说,最为重要的核心价值取向是将教学作为一种伦理实践的理念——理想的是,把教学作为一种使命召唤。

克己慎独可以与教师如何为进学校做准备融合在一起。我指的是除了准备教学计划之外的其他事情,必要性自不待言(考虑到教师的权威,即使不做计划也形成了一个计划)。我的意思是让自己成为角色中的人,而不仅仅是操作人员,这是前面一再提到的主题。它需要将预测和控制的欲望保持在一定限度。当然,教师想要预测一个班级对某一特定课程活动的反应,并做好相应的准备无可厚非。但是要警惕计划太多。如果教师试图控制学生的反应,课堂教学活动可能会降为一种操纵,而不是激发新思想、新洞见和与他人互动的教育。简而言之,教学规划要有伦理感。也就是说,教师要将规划与心灵筹谋并列(参见第 2 章):一旦他们出现在学生面前,教师们就要准备好倾听,变得机智和反应灵敏。这种艺术性,或者说作为一名教师的艺术,是教师教育的核心所在。它意味着一种浸润(immersion),蕴含在学科和教学技术以及规划艺术之中。与此同时,我们还以一种综合的方式再次讨论了教学即"同在"的意义。

教师教育和教师评价的见证

在每一所 K-12 学校(甚至可能在每一所高等教育机构)都有一个见证者-导师的位置。有些学校已经开始支持教师在教学问题上指导同事,无论是新同事还是有经验的同事。这些教师通常减少了教学量,以便花大量时间进入某位同事的教室里——这与那些正式的教师评估方法所做的单次或分散性访问存在很大不同。在见证者-导师中,修饰语"见证",突出了指导的伦理层面,密切反映与见证相关的本体形式。我毫不怀疑,许多导师已经具备实践见证的精神。我敦促所有人增强意识,以便在工作中充分认识到教学是一项永远具有挑战性、不断救赎的伦理努力。这在学校和同事的生活而言可能是革命性的。也就是说,见证者-导师可以帮助他人(包括他们自己)"旋转":灵魂转向,即,使柏拉图的奇妙构想朝着更深刻的意义和目的前进。

见证者-导师在开始每一天的工作时都应注意，他们将与之共事的教师可能已经与上次互动时（或许是昨天）有所不同。他们宜以一种尊重、协调、响应、机智的态度接近每一位同事，甚至在准备提供尽可能多的反馈时，提出尽可能合理和必要的建议（回想一下反馈的哲学意涵，在第 2 章中讨论过）。以罗伯逊女士为例，在前面描述的小插曲中她表现出的麻木与卡洛琳娜的伦理回应形成了鲜明对比。见证者-导师——或者见证者——管理人员应该如何同罗伯逊女士谈论她的工作？这个问题不同于老师如何对待一位对同学大喊大叫麻木不仁的学生。在这里，同僚关系、规则和资历等因素都在起作用。

下面这些事实也是如此。罗伯逊女士教不同 K-5 年级的孩子。每个班级的孩子都有自己的气质，包括不同个人和群体的自我控制能力和其他方面的注意力。后者很可能看出普通老师是否像卡洛琳娜那样敬业。由于罗伯逊女士要处理很多不同的课程，她无法像卡洛琳娜那样与学生培养出同等程度的亲密关系。简而言之，特朗普·罗伯逊的工作包含了一系列挑战，并且在一些重要方面不同于卡洛琳娜及其他教师所面临的。值得补充的是，她在一种贬低学科、艺术的体系文化中任教，直白地说，学科教师身处学校课程的边缘位置。

罗伯逊与小卡西姆的互动显然毫无同情心，但这并不能说明她的行为有某种定势。对于见证者（导师或管理者）来说，先理解罗伯逊女士对自己工作的意向是至关重要的，这是随后提出真正有用的批评的必要基础。例如，罗伯逊女士可能曾感到不知所措、孤立无援，得不到学校的支持。她在职业生涯的早期经历过痛苦的失败，没有人理解她的困境，或者她根本无从寻求帮助——她如今所为是一个缓慢而无情的后果，她慢慢地、不可避免地让自己变得坚强，必须独自面对弱点和不足。也有可能罗伯逊的性格确实有点暴躁、没耐心。在这种情况下，见证者-导师将需要与同事、管理人员商讨最佳行动方案。与此同时，他们应秉持道德承诺，运用协调和技巧，尽可能坦率地与罗伯逊女士交谈，而不是没完没了地道德说教或唠叨，引导她重新想象与学生的互动，尽力帮助她减少焦虑和沮丧。

最近的研究已经提出一些有用的框架处理这里论及的道德难题。从这本书的角度来看，主要结论是，见证者-导师将以一种被召唤来帮助同事们的精神工作：与他们在一起，支持他们维持教学实践，并且铭记他们现在支持的每一位新教师或有经验的教师有一天可能又会帮助其他教师。这种投入反映了对教师的要求，即使面对最具挑战性的学生，也要尽最大努力，认识到所能给予的时间、精力和其他需求保障必定是有限的。

如果使用系统要求的协议进行正式评估，见证者-导师将利用他们的全部见证完成约定，同样重要的是，跟进个人谈话。经常性的谈话是关键，同时也要经常去教室。正如第四章厄尔的证词中所强调的那样——也正如许多有思想的教师所强调的——正式地以可信的方式与一位有经验的教育工作者谈论自己作为教师最深的爱欲：希望、恐惧、担忧和抱负，这是非常罕见的。向教师提供伦理认可，见证者-导师定位将他们自己的见证转化为——或者更确切地说，转录为——课堂实践的助力，包括与学生建立更多元的联结，加深课程的参与度，与父母和同事沟通更顺畅等等。见证者-导师引导教师向自己敞开心扉，帮助他们重新想象教学实践中蕴含的无限可能性。这一过程可能涉及见证者-导师明智和及时地分享各种各样的个人经验，这（呼应杜特罗[Dutro，2011，2013]和其他人）对新老同事各有益处。[10]

这些话稍作修改适用于见证者——教师——教育者。我曾遇到一些敬业的教师教育者，他们已经是成熟的见证者，即使不是名义上的，也以自己非常独到的方式介入相关工作。与他们的交谈,深深影响了我对与教师候选人同在的伦理意义和复杂性的理解,我在第二章中描述过候任教师在课堂上第一次"现场"教学。这些教师教育工作者珍视他们的工作。他们发现,当他们观察一名紧张的新手蜕变为自信、主动的新老师时,扮演一位支持者的角色是非常感人的。这些人往往通情达理,反应灵敏,细心,机智;他们将教师教育视为一种伦理实践,以其自认为合宜的方式,与种种处境下儿童、青年和成人的教育产生无数共鸣。无论走到哪里,受召唤而工作之心似乎总是陪伴着他们。教师候选人对他们说了什么,或者他们对候选人说了什么,都会在做晚饭的时候,拿钥匙的时候,洗衣服的时候,看报纸的时候浮现在脑海里。我希望,这本书对教学作为一种召唤的正式解析,以及对教师和教学的见证之思,能够支持那些教师教育者为社会所做的宝贵工作。

结束语

这本书的基础是关注人性的非人类中心主义。假设人类能够在未来几十年拯救地球,必然要以避免滥用为原则构建与自然的经济关系。如果它能转变成一种友爱、谦逊的联结,那将更好。但并不是人类在这个星球上逗留创造的所有东西都是坏的,都需要替换。教学仍将保持伦理实践的本色,教师因受召唤而工作的本色也不会变。与此同时,教学和教师最需要的是集合一切可用的资源维持福祉,即教学-教师之间基本的教育完整性。正如唐纳利(R. F. Donnelly, 2006)所表达的那样,"政策制定者和其他人通常没有认识到有一种挑战,如何确认和维持实践的连续性和归属感,系于此,对教学的伦理属性的理解得以体现和传播"。

教学是一种伦理实践,是一种使命召唤。因此,教学不是教条,不是意识形态，更不是一种辩论。它是教师对学生和学科的时时刻刻关心和关注。教学就是与人同在。

注释

1. Elizabeth Dutro(2011,2013)利用证人和证词的概念——在第四章涉及痛苦经历的文献中提出——当教师为经历了创伤的学生提供支持时，分享个人生活创伤的证词是有价值的。在这种情况下，Dutro 将其描述为"关键见证"，教师和学生可以成为彼此证词的证人，这可能会产生意想不到的后果，使双方在课堂上变得更加自如。Dutro 强调，在与弱势处境的儿童一起工作时，这样的时刻更为重要。与此同时，她提醒教师要注意不要越界：既不要把自己的经历强加给学生，也不要不恰当地窥探学生的个人生活，同时也要注意教师权威和权力的边界。她细致入微的作品让人想起在教学工作中反复出现的关于友谊和爱的形态之争。

2. Hadot 避免称这些练习的对象为"伦理"，在他看来，后者与一个人在世界上的整体行为有关，包括如何看待和对待他人。然而，正如之前所提到的，我将后者与"道德"概念联系在一起。在这项研究中，伦理包括道德、审美、认知和情感维度。我相信，就培养自己成为一名教师而言，"伦理练习"或"自我练习"是有道理的。

3. 请特别参阅 Foucault(1997)关于这个主题的文章。他在精神练习(spiritual exercies)方面做了大量工作，他所谓的"自我关怀"(法语是 le souci du soi)，直接说明了这里谈及的教师自我修养。

4. 学者们已经表明，早期践行精神练习者通过独特的形而上学假设，看待宇宙本质和人类地位。然而，Hadot 表明，这些自我练习的实践并不以任何特定的形而上学为前提，因此，它们在当代生活中也适用或可行。教学与作为生活艺术的哲学的关系，一直是教育哲学研究的重要课题。张华军(2013,2020)批判性地阐明了我在这个主题上所做的工作，以及生活艺术如何与中国伦理传统相结合。参见 Ambrosio(2008)，De Marzio(2007)，D'limpio and Teschers(2016)，Infinito(2003a,2003b)，Peters(2003)，Wain

(1996)和 Zembylas and Fendler(2007)。

5. 无数资料阐明了这种关于教师对话深层价值的主张。例如，参见 Carini 和 Himley(2010)、De Ruyter 和 Kole(2010)、Furman 和 Traugh(2021)、Gasoi 等人(2016)和 Santoro(2018)。*School：Studies in Education* 杂志也是一个很好的来源。

6. 再想想 Julia Diamond(2008)的证词，她在教学回忆录中写道："作为教师和人，在了解孩子是谁的过程中，我们更加了解到自己是谁。这是教学的挑战，也是回报。从长远来看，我满足于此。"

7. Darryl De Marzio(2020，第 8 页)指出，当教师和教师候选人从哲学角度审视学校教学时，重点往往不在于社会对职业的影响，而是帮助教师深入这一决定性的问题，即如何在角色中成为一个独特的人。

8. 有关"独处"在教育中的性质和地位的深入且新近的研究，请参见 Stern 和 Walejko(2020)。

9. 在柏拉图的对话中，青年 Alcibiades 自从减少与苏格拉底的交往，转而与渴望权力、不择手段的人为伴时，他就慢慢失去了灵魂。他后来的生活是一场波谲云诡、惊人的和彻头彻尾的灾难。

10. 我认识到，每所学校都配一位或多位见证者-导师的提议，听起来多少有些乌托邦。这样不仅涉及重新分配教育经费，更会改变校内的等级结构。不过，乌托邦的想法最终可能也将产生真实效果。想到一个颇为戏剧性的例子：几个世纪前，人类平等和人权的概念几乎是不可想象的。它们还没有完全实现，却早已广泛、真实地改变了人类的视野。

参考文献

Adami, R., & Hållander, M. (2014). Testimony and narrative as a political relation: The question of ethical judgment in education. Journal of Philosophy of Education, 49(1), 1–13.

Agamben, G. (2002). Remnants of Auschwitz: The witness and the archive(D. Heller-Roazen, Trans.). Zone Books.

Aldridge, D., & Lewin, D. (Eds.). (2019). Love and desire in education [Special issue]. Journal of Philosophy of Education, 53(3).

Alexievich, S. (2017). The unwomanly face of war: An oral history of women in World War II (R. Pevear & L. Volokhonsky, Trans.). Random House.

Alston, L. (2008). Why we teach: Learning, laughter, love, and the power to transform lives. Scholastic.

Ambrosio, J. (2008). Writing the self: Ethical self-formation and the undefined work of freedom. Educational Theory, 58(3), 251–267.

Arendt, H. (1958). The human condition. University of Chicago Press.

Baier, A. (1983). Secular faith. In S. Hauerwas & A. MacIntyre (Eds.), Revisions: Changing perspectives in moral philosophy (pp. 203–221). University of Notre Dame Press.

Bailey, S. (1976). The purposes of education. Phi Delta Kappa Educational Foundation.

Ball, S. J. (2003). The teacher's soul and the terrors of performativity. Journal of Education Policy, 18(2), 215–228.

Ballenger, C. (1999). Teaching other people's children: Literacy and learning in a bilingual classroom. Teachers College Press.

Barone, T. (2000). Aesthetics, politics, and educational inquiry: Essays and examples. Peter Lang.

Barone, T., & Eisner, E. W. (2011). Arts-based research. SAGE.

Ben-Peretz, M. (1995). Learning from experience: Memory and the teacher's account of teaching. State University of New York Press.

Berlak, A. (1999). Teaching and testimony: Witnessing and bearing witness to racisms in culturally diverse classrooms. Curriculum Inquiry, 29(1), 99–127.

Bhattacharjee, I. (2020). Rabindranath Tagore and the question of the teacher's vocation. In D. M. De Marzio (Ed.), David Hansen and the call to teach: Renewing the work that teachers do (pp. 119–134). Teachers College Press.

Bieri, P. (2017). Human dignity: A way of living (D. Siclovan, Trans.). Polity.

Biesta, G. (2007). Why "what works"-won't work: Evidence-based practice and the demo-cratic deficit in educational research. Educational Theory, 57(1), 1–22.

Bonnett, M. (2009). Education and selfhood: A phenomenological investiga-tion. Journal of Philosophy of Education, 43(3), 357–370.

Boostrom, R. (2005). Thinking: The foundation of critical and creative learning in the classroom. Teachers College Press.

Booth, W. (1988). The vocation of a teacher. University of Chicago Press.

Borsheim-Black, C. & Sarigianides, S. T. (2019). Letting go of literary White-ness: Antiracist lit-er-a-ture instruction for white students. Teachers College Press.

Briand, C. (2018). Approach-wholeness: Joy in education and teacher educa-tion [Unpublished master's degree thesis. Teachers College, Columbia University].

Brook, A. (2009). The potentiality of authenticity in becoming a teacher. Edu-cational Philosophy and Theory, 41(1), 46–59.

Bullough, R. V., & Hall-Kenyon, K. M. (2011). The call to teach and teacher hopefulness. Teacher Development, 15(2), 127–140.

Bullough, R. V., & Hall-Kenyon, K. M. (2012). On teacher hope, sense of call-ing, and commitment to teaching. Teacher Education Quarterly, 39(2), 6–27.

Bunderson, J. S., & Thompson, J. A. (2009). The call of the wild: Zookeepers, callings, and the double-edged sword of deeply meaningful work. Adminis-trative Science Quarterly, 54(1), 32–57.

Burbules, N. C., & Hansen, D. T. (Eds.). (1997). Teaching and its predicaments. Westview.

Buskist, W., Benson, T. & Sikorski, J. F. (2005). The call to teach. Journal of Social and Clinical Psy-chol-ogy, 24(1), 111–122.

Cammarano, C. (2012). The philosophically educated teacher as traveler [Doc-toral dissertation, Teachers College, Columbia University].

Campbell, E. (2003). The ethical teacher. Open University Press.

Carini, P. F., & Himley, M. (2010). Jenny's story: Taking the long view of the child: Prospect's philosophy in action. Teachers College Press.

Carr, D. (2006). Professional and personal values and virtues in education and teaching. Oxford Review of Education, 32(2), 171–183.

Cather, W. (1918/1994). My Ántonia. Random House.

Chambers-Schiller, L. (1979). The single-woman: -Family and vocation among nineteenth-century reformers. In M. Kelley (Ed.), -Woman's being, -woman's place: Female identity and vocation in American history (pp. 334–350). G. K. Hall.

Chater, M. (2005). The personal and the po-liti-cal: Notes on teachers' vocations and values. Journal of Beliefs & Values, 26(3), 249–259.

Comber, B., & Kamler, B. (2004). Getting out of deficit: Pedagogies of reconnec-tion. Teaching Education, 15(3), 293–310.

Cooper, J. M. (2012). Pursuits of wisdom: Six ways of life in ancient philosophy from Socrates to Plotinus. Prince-ton University Press.

Cua, A. (1998). Moral vision and tradition: Essays in Chinese ethics. Catholic University of Amer-i-ca Press.

Day, C. (2004). A passion for teaching. Taylor & Francis.

Day, C., & Gu, Q. (2014). Resilient teachers, resilient schools: Building and sustaining quality in testing times. Routledge.

De Marzio, D. M. (2007). The care of the self: Alcibiades I, Socratic teaching and ethics education. Journal of Education, 187(3), 103–127.

De Marzio, D. M. (Ed.) (2020). David Hansen and the call to teach: Renewing the work that teachers do. Teachers College Press.

De Ruyter, D. J. (2003). The importance of ideals in education. Journal of Phi-losophy of Education, 37(3), 467–482.

De Ruyter, D. J., & Kole, J. J. (2010). Our teachers want to be the best: On the necessity of intra-professional reflection about moral ideals of teaching. Teachers and Teaching, 16(2), 207–218.

Dewey, J. (1971). The study of ethics: A syllabus. In J. A. Boydston (Ed.), The early works of John Dewey 1882–1898, volume 4: 1893–1894, early essays and the study of ethics (pp. 219–362). Southern Illinois University Press.

Dewey, J. (1977). The relation of theory to practice. In J. A. Boydston (Ed.), The middle works of John Dewey 1899–1924, volume 3: 1903–1906, essays on the new empiricism (pp. 249–272). Southern Illinois University Press.

Dewey, J. (1985). Democracy and education. In J. A. Boydston (Ed.), The middle works of John Dewey 1899–1924, volume 9: 1916 (pp. 3–384). Southern Illinois University Press.

Dewey, J. (1988a). Experience and nature. In J. A. Boydston (Ed.), John Dewey: The-later works, 1925–1953, Vol. 1: 1925 (pp. 3–409). Southern Illinois University Press.

Dewey, J. (1988b). Experience and education. In J. A. Boydston (Ed.), John Dewey: The-later works, 1925–1953, Vol. 13: 1938–1939 (pp. 1–62). Southern Illinois University Press.

Dewey, J. (1989a). Ethics. In J. A. Boydston (Ed.), John Dewey: The-later works, 1925–1953, Vol. 7: 1932. Southern Illinois University Press.

Dewey, J. (1989b). How we think. In J. A. Boydston (Ed.), John Dewey: The later works, 1925–1953, Vol. 8: 1933 (pp. 105–352). Southern Illinois University Press.

Dewey, J. (1989c). A common faith. In J. A. Boydston (Ed.), John Dewey: The later-works, 1925–1953, Vol. 9: 1933–1934 (pp. 1–58). Southern Illinois University Press.

Diamond, J. (2008). Welcome to the aquar-ium: A year in the lives of-children. The New Press.

D'Olimpio, L., & Teschers, C. (2016). Philosophy for-children meets the art of living: A holistic approach to an education for life. Philosophical Inquiry in Education, 23(2), 114–124.

Donnelly, J. F. (1999). Schooling Heidegger: On being in teaching. Teaching and Teacher Education, 15, 933 - 949.

Donnelly, J. F. (2006). Continuity, stability and community in teaching. Educa-tional Philosophy and Theory, 38(3), 311 - 325.

Duarte, E. M. (2012). Being and learning: A poetic phenomenology of educa-tion. Sense Publishers.

Dunne, J. (1993). Back to the rough ground: Practical judgment and the lure of technique. Notre University of Notre Dame Press.

Dunne, J. (2003). Alasdair MacIntyre on education: In dialogue with Joseph Dunne. Journal of Philosophy of Education, 36(1), 1 - 19.

Dunne, J., & Hogan, P. (Eds.) (2004). Education and practice: Upholding the integrity of teaching and learning. Blackwell.

Dustin, C. A., & Ziegler, J. E. (2007). Practicing mortality: Art, philosophy, and contemplative seeing. Palgrave Macmillan.

Dutro, E. (2011). Writing wounded: Trauma, testimony, and critical witness in literacy classrooms. En-glish Education, 43(2), 193 - 211.

Dutro, E. (2013). -Towards a pedagogy of the incomprehensible: Trauma and the imperative of critical witness in literacy classrooms. Pedagogies: An International Journal, 8(4), 301 - 315.

Earle, T. C., & Cvetkovich, G. T. (1995). Social trust: Toward a cosmopolitan society. Praeger.

Eisner, E. W. (1991/2017). The enlightened eye: Qualitative inquiry and the enhancement of educational practice. Teachers College Press.

Ellul, J. (1972). Work and calling. Katallagete, 4, 8 - 16.

Emmet, D. (1958). Function, purpose, and powers. Macmillan.

Epstein, J. (Ed.) (1981). Masters: Portraits of-great teachers. Basic Books.

Epstein, M. (2014). Lyrical philosophy, or how to sing with mind. Common Knowledge, 20(2), 204 - 213.

Estola, E., Erkkila, R., & Syrjala, L. (2003). A moral voice of vocation in teach-ers' narratives. Teachers and Teaching, 9(3), 239 - 256.

Fantuzzo, J. P. (2016). Learning to meet the 'demands of the day': Towards a Weberian philosophy of education [Doctoral dissertation, Teachers College, Columbia University].

Farber, P., & Metro-Roland, D. (2020). Why teaching matters: A philosophical guide to the elements of practice. Bloomsbury Academic.

Felman, S., & Laub, D. (1992). Testimony: Crises of witnessing in literature, psychoanalysis, and history. Routledge.

Fenstermacher, G. D., & Richardson, V. (2005). On making determinations of quality in teaching. Teachers College Rec-ord, 107, 186 - 213.

Foster, M. (1997). Black teachers on teaching. The New Press.

Foucault, M. (1997). Self-writing. In P. Rabinow (Ed.), Ethics: Subjectivity and truth

(R. Hurley et al., Trans.) (pp. 207-222). The New Press.

Foucault, M. (2005). The hermeneutics of the subject (F. Gros, Ed., G. Burchell, Trans.). Picador.

Frank, J. (2019). Being a presence for students: Teaching as a lived defense of liberal education. Lever Press.

Frankena, W. (1976). The philosophy of vocation. Thought, 51(4), 393-408.

Furman, C. E. (2018). Descriptive inquiry: Cultivating practical wisdom with teachers. Teachers and Teaching: Theory and Practice, 24(5), 559-570.

Furman, C. E., & Traugh, C. E. (2021). Descriptive inquiry in teacher practice: Cultivating practical wisdom to create demo-cratic schools. Teachers Col-lege Press.

Gadamer, H.-G. (1960/1996). Truth and method (2nd ed., J. Weinsheimer & D. G. Marshall, Trans.). Continuum.

Gadamer, H.-G. (1984). Reason in the age of science (F. G. Lawrence, Trans.). MIT Press.

Game, A., & Metcalfe, A. (2008). The teacher's vocation: Ontology of response. Studies in Philosophy and Education, 27, 461-473.

Garcia, J. A., & Lewis, T. E. (2014). Getting a grip on the classroom: From psychological to phenomenological curriculum development in teacher education programs. Curriculum Inquiry, 44(2), 141-168.

Garrison, J. (1997). Dewey and eros: Wisdom and desire in the art of teaching. Teachers College Press.

Gary, K. (2019). Pragmatic standards versus saturated phenomenon: Cultivating a love of learning. Journal of Philosophy of Education, 53(3), 477-490.

Gasoi, E., Hare, A., Mallaney, N., & Stevens-Morin, H. (2016). Professional development of, by, and for the practitioners of the Washington Teachers Inquiry Group. Schools: Studies in Education, 13(2), 273-293.

Geerinck, I. (2011). The teacher as a public figure: Three portraits [Doctoral dissertation, Catholic University of Leuven, Belgium].

Gilbert, R. (1991). Walks in the world: Representation and experience in mod-ern American poetry. Prince-ton University Press.

Givoni, M. (2016). The care of the witness: A con-temporary history of testi-mony in crises. Cambridge University Press.

Goldberg, S. (2013). Quiet testimony: A theory of witnessing from nineteenth-century American literature. Fordham University Press.

Gonzalez, N., Moll, L. C., & Amanti, C. (Eds.). (2005). Funds of knowledge: Theorizing practices in-house-holds, communities, and classrooms. Routledge.

Gotz, I. (1988). Zen and the art of teaching. J. L. Wilkerson.

Gournay, M. D. (1998). Essays of Michel de Montaigne by his adoptive daughter (R. Hillman & C. Quesnel, Trans.). Medieval & Re-nais-sance Texts & Studies.

Green, T. H. (1968). Work, leisure, and the American schools. Random House.

Gustafson, J. M. (1982). Professions as "callings." Social Service Review, 56,

501 - 515.

Hadot, P. (1995). Philosophy as a way of life (A. I. Davidson, Ed.; M. Chase, Trans.). Blackwell.

Hadot, P. (2009). The present alone is our happiness (N. Djaballah, Trans.). Stanford University Press.

Hansen, D. T. (1989). Getting down to business: The moral significance of class-room beginnings. Anthropology and Education Quarterly, 20, 259 - 274.

Hansen, D. T. (1992). The emergence of a shared morality in a classroom. Curriculum Inquiry, 22, 345 - 361.

Hansen, D. T. (1993a). From role to person: The moral layeredness of class-room teaching. American Educational Research Journal, 30, 651 - 674.

Hansen, D. T. (1993b). The moral importance of the teacher's style. Journal of Curriculum Studies, 25, 397 - 421.

Hansen, D. T. (1995). The call to teach. Teachers College Press.

Hansen, D. T. (2001a). Exploring the moral heart of teaching: -Toward a teach-er's creed. Teachers College Press.

Hansen, D. T. (2001b). Teaching as a moral activity. In V. Richardson (Ed.), Handbook of research on teaching (4th ed.) (pp. 826 - 857). American Edu-cational Research Association.

Hansen, D. T. (2004). A poetics of teaching. Educational Theory, 54, 119 - 142.

Hansen, D. T. (2007a). On seeing the moral in teaching. In D. T. Hansen, M. E. Driscoll, & R. V. Arcilla (Eds.), To watch the-water clear: Philip W. Jackson and the practice of education (pp. 35 - 50). Teachers College Press.

Hansen, D. T. (2007b). Introduction: Ideas, action, and ethical vision in educa-tion. D. T. Hansen (Ed.) In Ethical visions of education: Philosophies in practice (pp. 1 - 18). Teachers College Press.

Hansen, D. T. (2011). The teacher and the world: A study of cosmopolitanism as education. Teachers College Press.

Hansen, D. T. (2012). W. G. Sebald and the tasks of ethical and moral remem-brance. Philosophy of Education, 125 - 133.

Hansen, D. T. (2018). Bearing witness to the fusion of person and role in teach-ing. Journal of Aesthetic Education, 52(4), 21 - 48.

Hansen, D. T. (2021). Philosophy's voices in teaching, and teachers' voices in philosophy. Educational Theory, 71(1).

Hansen, D. T., Wozniak, J. T., & Diego, A. C. G. (2015). Fusing philosophy and fieldwork in a study of being a person in the world: An interim commentary. Studies in Philosophy and Education, 34(2), 159 - 170.

Hardy, L. (1990). The fabric of this world. William B. Eerdmans.

Haroutunian-Gordon, S. (1991). Turning the soul: Teaching through conversation in the high school. University of Chicago Press.

Haroutunian-Gordon, S. (2014). Interpretive discussion: Engaging students in text-based conversations. Harvard Education Press.

Hartman, S. (2007). Lose your mother: A journey along the Atlantic slave trade. Farrar, Straus and Giroux.

Hartnett, S., & Kline, F. (2005). Preventing the fall from the "call to teach": Rethinking vocation. Journal of Education and Christian Belief, 9(1), 9 – 20.

Hatley, J. (2000). Suffering witness: The quandary of responsibility after the irreparable. State University of New York Press.

Heidegger, M. (1994). Basic questions of philosophy (R. Rojcewicz & A. Schuwer, Trans.). Indiana University Press.

Heidegger, M. (2010). Country path conversations (B. W. Davis, Trans.). Indiana University Press.

Heilbronn, R. (2013). Wigs, disguises and child's play: Solidarity in teacher education. Ethics and Education, 8(1), 31 – 41.

Heller, C. (2020). Sharing Sebald (and so much more). In D. M. De Marzio (Ed.), David Hansen and the call to teach: Renewing the work that teachers do (pp. 135 – 141). Teachers College Press.

Higgins, C. (2003). Teaching and the good life: A critique of the ascetic ideal in education. Educational Theory, 53(2), 131 – 154.

Higgins, C. (2010). The good life of teaching: An ethics of professional practice. Journal of Philosophy of Education, 44(2/3), 189 – 478.

Himley, M., with Carini, P. (2000). From another angle: Children's strengths and school standards: The Prospect Center's descriptive review of the child. Teachers College Press.

Hinsdale, M. J. (2013). Witnessing across wounds: Toward a relational ethic of healing. Philosophy of Education, 81 – 89.

Hoffman, N. (1981). Woman's "true" profession. McGraw-Hill.

Hogan, P. (1995). The custody and courtship of experience. Columba Press.

Hogan, P. (2010). The new significance of learning: Imagination's heartwork. Routledge.

Hogan, P. (2020). Tradition, teaching, and the play of influence. In D. M. De Marzio (Ed.), David Hansen and the call to teach: Renewing the work that teachers do (pp. 76 – 89). Teachers College Press.

Hogg, L. & Volman, M. (2020). A synthesis of funds of identity research: Purposes, tools, pedagogical approaches, and outcomes. Review of Educational Research, 90(6), 862 – 895.

Hohr, H. (2020). The art of living, or the aesthetic dimension of teaching. In D. M. De Marzio (Ed.), David Hansen and the call to teach: Renewing the work that teachers do (pp. 40 – 51). Teachers College Press.

Holl, K. (1958). The history of the word vocation (Beruf). Review and Expositor, 55, 126 – 154.

Hostetler, K. D. (1997). Ethical judgment in teaching. Allyn & Bacon.

Huebner, D. (1987). The vocation of teaching. In F. S. Bolin & J. M., Falk (Eds.), Teacher renewal: Professional issues, personal choices (pp. 17–29). Teachers College Press.

Huizinga, J. (1955). Homo ludens: A study of the play element in culture. Beacon.

Hutchins, R. M. (1937). Ideals in education. American Journal of Sociology, 43(1), 1–15.

Inchausti, R. (1993). Spitwad sutras: Classroom teaching as sublime vocation. Bergin & Garvey.

Infinito, J. (2003a). Jane Elliot meets Foucault: The formation of ethical identities in the classroom. Journal of Moral Education, 32(1), 67–76.

Infinito, J. (2003b). Ethical self-formation: A look at the-later Foucault. Educational Theory, 53(2), 155–171.

Ingersoll, R., Merrill, L., & Stuckey, D. (2018). An analysis of nearly 30 years of data on the teaching force sheds new light on the makeup of the occupation — and on staffing priorities. Educational Leadership, 75(8), 45–49.

Jackson, P. W. (1968/1990). Life in classrooms. Teachers College Press.

Jackson, P. W., Boostrom, R. E., & Hansen, D. T. (1993). The moral life of schools. Jossey-Bass.

Jaspers, K. (1954/2003). Way to wisdom: An introduction to philosophy (2nd ed., R. Manheim, Trans.). Yale University Press.

Kant, I. (1785/1990). Foundations of the metaphysics of morals (2nd ed., L. W. Beck, Trans.). Prentice Hall.

Kelchtermans, G. (1996). Teacher vulnerability: Understanding its moral and po-liti-cal roots. Cambridge Journal of Education, 26(3), 307–323.

Kerdeman, D. (2003). Pulled up short: Challenging self-understanding as a fo-cus of teaching and learning. Journal of Philosophy of Education, 37(2), 293–398.

Kesson, K. Traugh, C., & Perez, F., III (2006). Descriptive inquiry as contempla-tive practice. Teachers College Rec-ord, 108(9), 1862–1880.

Kestenbaum, V. (2002). The grace and the severity of the ideal: John Dewey and the transcendent. University of Chicago Press.

Korthagen, F. A. J., Kim, Y. M., & Greene, W. L. (2012). Teaching and learning from within: A core reflection approach to quality and inspiration in educa-tion. Routledge.

Kromidas, M. (2011a). Elementary forms of cosmopolitanism: Blood, birth, and bodies in immigrant New York City. Harvard Educational Review, 81(3), 581–605.

Kromidas, M. (2011b). Troubling tolerance and essentialism: The critical cos-mopolitanism of New York City schoolchildren. In A. Lavanchy, F. Dervin, & A. Gajardo (Eds.), Politics of interculturality (pp. 89–114). Cambridge Scholars.

Ladson-Billings, G. (2009). The dreamkeepers: Successful teachers of African American-children (2nd ed.). Jossey-Bass.

Lakoff, G., & Johnson, M. (1980). Meta-phors we live by. University of Chicago

Press.

Langford, G. (1985). Education, persons and society: A philosophical inquiry. Macmillan.

Latta, M. M. (2013). Curricular conversations: Play is the (missing)-thing. Routledge.

Latta, M. M., with Saville, E., Marques, L., & Wihak, K. (2020). Rising to the needs of pedagogical situations: Method's responsive sensibilities and responsibilities. In D. M. De Marzio (Ed.), David Hansen and the call to teach: Renewing the work that teachers do (pp. 27 – 39). Teachers College Press.

Laverty, M. J., & Hansen, D. T. (Eds.) (2021). A history of Western philosophy of education (Vols. 1 – 5). Bloomsbury.

Lawrence-Lightfoot, S. (2005). Reflections on portraiture: A dialogue between art and science. Qualitative Inquiry, 11, 3 – 15.

Lawrence-Lightfoot, S. (2009). The third chapter: Passion, risk and adventure in the 25 years-after 50. Farrar, Straus and Giroux.

Lawrence-Lightfoot, S., & Hoffman Davis, J. (1997). The art and science of portraiture. Jossey-Bass.

Lear, J (2006). Radical hope: Ethics in the face of cultural devastation. Harvard University Press.

Levinson, M., & Fay, J. (Eds.) (2016). Dilemmas of educational ethics: Cases and commentaries. Harvard Education Press.

Lewin, D. (2016). Educational philosophy for a post-secular age. Routledge.

Liston, D. P., & Garrison, J. (Eds.). (2004). Teaching, learning, and loving. RoutledgeFalmer.

Locke, A. (1944/1989). Cultural relativism and ideological peace. In L. Harris (Ed.), The philosophy of Alain Locke: Harlem Re-nais-sance and beyond (pp. 69 – 78). -Temple University Press.

Lortie, D. (1975). Schoolteacher. University of Chicago Press.

Ma, Y. (2018a). Becoming a teacher does not come that easily: Aristotle, Confu-cius, and education [Unpublished doctoral dissertation, University of Brit-ish Columbia, Vancouver, BC].

Ma, Y. (2018b). Techne, a virtue to be thickened: Rethinking technical con-cerns in teaching and teacher education. Research in Education, 100(1), 114 – 129.

MacIntyre, A. (1981/2007). -After virtue (3rd ed.). Notre Dame University Press.

Madero, C. (2020). A calling to teach: What the lit-er-a-ture on callings tells us about approaches to research the calling to the teaching profession. Reli-gion & Education, 47 (2), 170 – 187.

Margalit, A. (2004). The ethics of memory. Harvard University Press.

Marion, J-L. (2002). Being given: -Toward a phenomenology of givenness. Stan-ford University Press.

Mason, B. (2014). Saturated phenomena, the icon, and revelation: A critique of

Marion's account of revelation and the "redoubling" of saturation. Aporia, 24(1), 25–38.

McBride, D. A. (2001). Impossible witnesses: Truth, abolitionism, and slave testimony. New York University Press.

Merleau-Ponty, M. (1964). Eye and mind. In J. M. Edie (Ed.), The primacy of perception (pp. 159–190). Northwestern University Press.

Merleau-Ponty, M. (1973). The prose of the world (J. O'Neill, Trans.). Northwestern University Press.

Metcalfe, A., & Game, A. (2007). Becoming who you are: The time of education. Time and Society, 16(1), 43–60.

Metcalfe, A., & Game, A. (2008). Significance and dialogue in learning and teaching. Educational Theory, 58(3), 343–356.

Michalec, P. (2013). Common core and inner core. Curriculum and Teaching Dialogue, 15(1/2), 27–36.

Michalec, P., & Newburgh, K. (2018). Deep practices: Advancing equity by creating a space and language for the inner core of teaching. Teacher Education and Practice, 31(1), 137–154.

Miller, J. A. (1992). In the throe of won-der: Intimations of the sacred in a post-modern world. State University of New York Press.

Mintz, A. (1978). George Eliot and the novel of vocation. Harvard University Press.

Moll, L. C. (2019). Elaborating funds of knowledge: Community-oriented practices in international contexts. Literary Research: Theory, Method, and Practice, 68(1), 130–138.

Moll, L. C., Amanti, C., Neff, D., & Gonzalez, N. (1992). Funds of knowl-edge for teaching: Using a qualitative approach to connect homes and class-rooms. Theory into Practice, 31(2), 132–141.

Montaigne de, M. (1595/1991). The complete essays of Michel de Montaigne (M. A. Screech, Trans. and Ed.) Penguin.

Mulhall, S. (2007). The conversation of humanity. University of-Virginia Press.

Murdoch, I. (1970/2003). The sovereignty of good. Routledge.

Murdoch, I. (1977). The fire and the sun: Why Plato banished the artists. Ox-ford University Press.

Nakazawa, Y. M. (2018). Iris Murdoch's critique of three dualisms in moral education. Journal of Philosophy of Education, 52(3), 397–411.

Nehamas, A. (1998). The art of living: Socratic reflections from Plato to Foucault. University of California Press.

Neumann, A. (2006). Professing passion: Emotion in the scholarship of pro-fessors at research universities. American Journal of Education, 43(3), 381–424.

Neumann, A. (2009). Professing to learn: Creating tenured lives and-careers in the American research university. Johns Hopkins University Press.

Nieto, S. (2003). What keeps teachers-going? Teachers College Press.

Nietz-sche, F. (1874/1995). Schopenhauer as educator. In The complete works of Friedrich Nietz-sche: Unfashionable observations (R. T. Gray, Trans.) (pp. 169 – 255). Stanford University Press.

Noël Smith, B. L., & Hewitt, R. (Eds.) (2020). Love in education and the art of living. Information Age.

Oakeshott, M. (1989). Michael Oakeshott on education: The voice of liberal learning (T. Fuller, Ed.). Yale University Press.

Oliver, K. (2001). Witnessing: Beyond recognition. University of Minnesota Press.

Olson, J. (1997). Review of The call to teach. Journal of Curriculum Studies, 29(4), 500 – 502.

Orchard, J., & Davids, N. (2019). Philosophy for Teachers (P4T) in South Africa — Re-imagining provision to support new teachers' applied ethical decision-making. Ethics and Education, 14(3), 333 – 350.

Orchard, J., Heilbronn, R., & Winstanley, C. (2016). Philosophy for Teachers (P4T) — Developing new teachers' applied ethical decision-making. Ethics and Education, 11(1), 42 – 54.

Pagès, A. (2020). Philosophy of the voice in The call to teach. In D. M. De Marzio (Ed.), David Hansen and the call to teach: Renewing the work that teachers do (pp. 103 – 118). Teachers College Press.

Palmer, P. (1998). The courage to teach: Exploring the inner landscape of a teacher's life. Jossey-Bass.

Paris, D., & Alim, H. S. (2017). Culturally sustaining pedagogies: Teaching and learning for justice in a changing world. Teachers College Press.

Peters, M. A. (2003). Truth-telling as an educational practice of the self: Fou-cault, parrhesia, and the ethics of subjectivity. Oxford Review of Educa-tion, 29(2), 207 – 224.

Phelan, A. M. (2005). A fall from (someone else's) certainty: Recovering practical wisdom in teacher education. Canadian Journal of Education/Revue canadienne de l'éducation, 28(3), 339 – 358.

Plato (380 BCE/1992). Republic (G. M. A. Grube & C. D. C. Reeve, Trans.). Hackett.

Poetter, T. (2006). Recognizing joy in teaching. Curriculum and Teaching Dialogue, 8(1/2), 269 – 287.

Polanyi, M. (1966). The tacit dimension. University of Chicago Press.

Rak, J. (2003). Do witness: -Don't: A woman's word and trauma as pedagogy. Topia: Canadian Journal of Cultural Studies 10, 53 – 71.

Richardson, V., & Fenstermacher, G. D. (2001). Manner in teaching: The study in four parts. Journal of Curriculum Studies, 33(6), 631 – 637.

Riley, D. C. (2011). Heidegger teaching: An analysis and interpretation of pedagogy. Educational Philosophy and Theory, 43(8), 797 – 815.

Rilke, R. M. (1986). Letters to a young poet (S. Mitchell, Trans.). Vintage.

Rilke, R. M. (1989). The selected poetry of Rainer Maria Rilke (S. Mitchell, Trans.). Vintage.

Ritter, M. J. (2007). The significance of finding a witness in liberatory education. Philosophy of Education Archive, 359–366.

Robinson, M. (2004). Gilead. Picador.

Rocha, T. A. R. (2020). Egalitarian reverence: Towards a cosmopolitan con-templative education [Doctoral dissertation, Teachers College, Columbia University].

Rodgers, C. R. (2020). The art of reflective teaching: Practicing presence. Teachers College Press.

Rodgers, C. R., & Raider-Roth, M. B. (2006). Presence in teaching. Teachers and Teaching: Theory and Practice, 12(3), 265–287.

Roosevelt D., & Garrison J. (2018). "Yet the root of the-matter is not in them": Reclaiming the lost soul of inspirational teaching Educational Theory, 68(2), 177–195.

Rud, A. G., & Garrison, J. (Eds.) (2012). Teaching with reverence. Palgrave Macmillan.

Saevi, T. (2011). Lived relationality as fulcrum for pedagogical-ethical practice. Studies in Philosophy and Education, 30(5), 455–461.

Saito, H. (2010). Actor-network theory of cosmopolitan education. Journal of Curriculum Studies, 42(3), 333–351.

Santoro, D. A. (2018). Demoralized: Why teachers leave the profession they love and how they can stay. Harvard Education Press.

Santoro, D. A., & Cain, L. (Eds.) (2018). Principled resistance: How teachers resolve ethical dilemmas. Harvard Education Press.

Scales, R. Q., Wolsey, T. D., Lenski, S., Smetana, L., Yoder, K. K., Dobler, E., Grisham, D. L., & Young, J. R. (2018). Are we preparing or training teachers? Developing professional judgment in and beyond teacher prepa-ration programs. Journal of Teacher Education, 69(1), 7–21.

Schon, D. (1983). The reflective practitioner: How professionals think in action. Basic Books.

Schrag, F. (1988). Thinking in school and society. Routledge.

Schrag, F. (2018/1988). Thinking in school and society. Routledge.

Serow, R. C. (1994). Called to teach: A study of highly motivated preser-vice teachers. The Journal of Research and Development in Education, 27(2), 65–72.

Sherman, S. (2013). Teacher preparation as an inspirational practice: Building capacities for responsiveness. Routledge.

Sherman, S. (2020). Evolving enactments of personal fulfillment and ser-vice in teaching. In D. M. De Marzio (Ed.), David Hansen and the call to teach: Renewing the work that teachers do (pp. 13–26). Teachers College Press.

Sherman, S. (2021). Nurturing joyful teaching in an era of standardization and commodification. The Educational Forum, 85(1), 20–33.

Simon, R. I. (2005). The touch of the past: Remembrance, learning, and ethics. Palgrave Macmillan.

Simpson, D. J., & Sacken, D. M. (2021). Ethical dilemmas in schools: Collab-orative inquiry, decision-making and action. Cambridge University Press.

Sinclair, N. (2010). Lo(o)s(en)ing vocation? A study exploring South African primary school teachers' motivations and reasons for continuing to teach. [Unpublished master's degree thesis. University of Witwatersrand, South Africa].

Sinha, S., & Rasheed, S. (2020). Journeying towards transformative teaching in the age of alternative facts and re-ascendant ethnic and racial prejudice. Teachers College Record, 122(4), 1 – 26.

Smith, C. C. (2010). What is a person? Rethinking humanity, social life, and the moral good from the person up. University of Chicago Press.

Smith, L. (1934). All trivia. Harcourt, Brace & Com-pany.

Sockett, H. (2012). Knowledge and virtue in teaching and learning: The pri-macy of dispositions. Routledge.

Stanford, G. C. (1998). African-American teachers' knowledge of teaching: Un-derstanding the influence of their remembered teachers. The Urban Review, 30(3), 229 – 243.

Steiner, G. (1987). Heidegger. University of Chicago Press.

Steiner, G. (1989). Real presences. University of Chicago Press.

Steiner, G. (2003). Lessons of the masters. Harvard University Press.

Stern, J., & Walejko, M. (2020). Solitude and self-realisation in education. Jour-nal of Philosophy of Education, 54(1), 107 – 123.

Stillwaggon, J. (2006). Eros and education [Doctoral dissertation, Teachers Col-lege, Columbia University].

Stillwaggon, J. (2016). The indirection of influence: Poetics and pedagogy in Aristotle and Plato. Journal of Aesthetic Education, 50(2), 8 – 25.

Sugarman, S. (2010). Seeing past the fences: Finding funds of knowledge for ethical teaching. The New Educator, 6(2), 96 – 117.

Thomson, I. (2001). Heidegger on ontological education, or: How we become what we are. Inquiry, 44, 243 – 68.

Todd, S. (2003). Learning from the other: Levinas, psychoanalysis, and ethical possibilities in education. State University of New York Press.

van Manen, M. (1991). The tact of teaching: The meaning of pedagogical thoughtfulness. Routledge.

van Manen, M. (2015). Pedagogical tact: Knowing what to do when you-don't know what to do. Routledge.

Wain, K. (1996). Foucault, education, the self, and modernity. Journal of Phi-losophy of Education, 30(3), 345 – 360.

Walker, V. S. (1996). Their highest potential: An African American school com-munity in the segregated South. University of North Carolina Press.

Waller, W. (1932). The sociology of teaching. Wiley.

Warnick, B. R. (2008). Imitation and education: A philosophical inquiry into learning by example. State University of New York Press.

Wieviorka, A. (2006). The era of the witness (J. Stark, Trans.). Cornell University Press.

Wills, J. S., & Sandholtz, J. H. (2009). Constrained professionalism: Dilemmas of teaching in the face of test-based accountability. Teachers College Record, 111(4), 1065–1114.

Wittgenstein, L. (1953). Philosophical investigations (3rd ed., G. E. M. Ans-combe, Trans.). Macmillan.

Wittgenstein, L. (1980). Culture and value (G. H. von Wright, Ed.; P. Winch, Trans.). University of Chicago Press.

Wolk, S. (2008). Joy in school. Educational Leadership, 66(1), 8–15.

Zembylas, M. (2006). Witnessing in the classroom: The ethics and politics of affect. Educational Theory, 56(3), 305–324.

Zembylas, M., & Fendler, L. (2007). Reframing emotion in education through lenses of parrhesia and care of the self. Studies in Philosophy and Education, 26(4), 319–333.

Zhang, H. (2013). John Dewey, Liang Shuming, and China's education reform: Cultivating individuality. Lexington Books.

Zhang, H. (2020). Education as the art of living. In D. M. De Marzio (Ed.), David Hansen and the call to teach: Renewing the work that teachers do (pp. 52–62). Teachers College Press.

Zwicky, J. (2013). What is lyric philosophy? Common Knowledge, 20(1), 14–27.

Zwicky, J. (2019). The experience of meaning. McGill-Queen's University Press.

图书在版编目(CIP)数据

重思教学召唤:对教师与教学的见证/(美)戴维·汉森著;刘磊明译.—上海:华东师范大学出版社,2024
(教师教育哲学译丛)
ISBN 978-7-5760-4649-6

Ⅰ.①重… Ⅱ.①戴…②刘… Ⅲ.①教师教育-研究 Ⅳ.①G65

中国国家版本馆 CIP 数据核字(2024)第 050161 号

教师教育哲学译丛
重思教学召唤:对教师与教学的见证

著　　者　[美]戴维·T. 汉森(David T. Hansen)
译　　者　刘磊明
项目编辑　彭呈军
特约审读　单敏月
责任校对　李琳琳
装帧设计　卢晓红

出版发行　华东师范大学出版社
社　　址　上海市中山北路3663号　邮编 200062
网　　址　www.ecnupress.com.cn
电　　话　021-60821666　行政传真 021-62572105
客服电话　021-62865537　门市(邮购)电话 021-62869887
地　　址　上海市中山北路3663号华东师范大学校内先锋路口
网　　店　http://hdsdcbs.tmall.com

印　刷　者　上海龙腾印务有限公司
开　　本　787毫米×1092毫米　1/16
印　　张　13.5
字　　数　170千字
版　　次　2024年5月第1版
印　　次　2024年5月第1次
书　　号　ISBN 978-7-5760-4649-6
定　　价　62.00元

出 版 人　王　焰

(如发现本版图书有印订质量问题,请寄回本社客服中心调换或电话 021-62865537 联系)